《历史·记忆·乡愁：山西传统村落保护与发展丛书》编委会

编委会主任　车效梅

编委会副主任　史建红　侯慧明　仝建平　上官定一　夏文华

编委会成员　（按姓氏笔画）

上官定一　车效梅　史建红　付　婷　仝建平

刘　丽　李常宝　杨学勇　畅海桦　侯慧明

贾郭军　夏文华　徐继承　高忠严　谢耀亭

山西省"1331工程"山西省互联网+与旅游产业升级协同创新中心系列成果

历史·记忆·乡愁
山西传统村落保护与发展丛书

身心之所
太岳山脉古村落选样调查与研究

杨学勇／编著

山西出版传媒集团
山西人民出版社

图书在版编目（CIP）数据

身心之所：太岳山脉古村落选样调查与研究 / 杨学勇编著．—太原：山西人民出版社，2022.1
ISBN 978-7-203-12006-3

Ⅰ．①身… Ⅱ．①杨 Ⅲ．①村落—调查报告—山西 Ⅳ．① K922.5

中国版本图书馆 CIP 数据核字（2021）第 262047 号

身心之所：太岳山脉古村落选样调查与研究

编　　著：	杨学勇
责任编辑：	蔡咏卉
复　　审：	傅晓红
终　　审：	梁晋华
装帧设计：	陈　婷

出 版 者：	山西出版传媒集团·山西人民出版社
地　　址：	太原市建设南路 21 号
邮　　编：	030012
发行营销：	0351－4922220　4955996　4956039　4922127（传真）
天猫官网：	https://sxrmcbs.tmall.com　电话：0351－4922159
E — mail：	sxskcb@163.com　发行部
	sxskcb@126.com　总编室
网　　址：	www.sxskcb.com

经 销 者：	山西出版传媒集团·山西人民出版社
承 印 厂：	山西出版传媒集团·山西新华印业有限公司

开　　本：	720mm×1020mm　1/16
印　　张：	10.75
字　　数：	150 千字
版　　次：	2022 年 1 月　第 1 版
印　　次：	2022 年 1 月　第 1 次印刷
书　　号：	ISBN 978-7-203-12006-3
定　　价：	38.00 元

如有印装质量问题请与本社联系调换

保护传统村落　守住文化之根

"我思念故乡的小河,还有河边吱吱唱歌的水磨……我思念故乡的渔火,还有沙滩上美丽的海螺……"一个个传统村落,承载着中华民族的历史记忆,寄托着中华各族儿女的乡愁。党的十八大以来,习近平总书记多次强调:建设美丽中国,关键在于建设美丽乡村,发展乡村旅游要因地制宜、因势利导,不能大拆大建,特别是古村落要保护好,要注意乡土味道,保留乡村风貌,留得住青山绿水,记得住乡愁。

早在2012年12月31日,《中共中央、国务院关于加快发展现代农业 进一步增强农村发展活力的若干意见》下发,文件强调:"制定专门规划,启动专项工程,加大力度保护有历史文化价值和民族、地域元素的传统村落和民居。"这是"传统村落"概念第一次出现在党和国家的重要文件中。保护传统村落之所以得到如此高度的重视,是因为传统村落拥有深厚的文化内涵,承载着农耕文明,事关传承文脉,事关实现中华民族的伟大复兴。

党的十九大报告提出"实施乡村振兴战略",这是一个关乎农村产业、生态、文化建设的综合课题,涵盖了经济、政治、社会、生态、文化多个领域。文化振兴是乡村振兴的题中应有之义,也是支撑乡村振兴的重要精神动力。古村落作为传统建筑精髓和群居文化的重要组成部分,也是祖先留下的一笔珍贵历史遗产,推动乡村文化振兴,应当深入挖掘传统村落的文化价值，让传统村落留下来、活起来，使人们看得见青山、望得见绿水、记得住乡愁。

中共中央、国务院印发的《乡村振兴战略规划(2018—2022年)》明确指出，历史文化名村、传统村落、少数民族特色村寨、特色景观旅游名村等自然历史文化特色资源丰富的村庄，是彰显和传承中华优秀传统文化的重要载体。要统筹保护、利用与发展的关系，努力保持村庄的完整性、真实性和延续性。加强对传统村落的保护，既有利于保持农村特色和提升农村魅力，又有利于增强国家和民族的文化自信，保持中华文化的完整多样，对实现乡村振兴、建设美丽中国具有重要意义。

山西是华夏文明的重要组成部分。自古以来，山西就是中原华夏民族与北方各民族文化交汇的天然通道，是中原农耕经济与北方游牧经济冲撞对接的前沿阵地。山西境内有古村落3500余个，个个都具有浓郁的山西地方特色。2019年1月，住房和城乡建设部、国家文物局公布了《第七批中国历史文化名镇名村名录》，确定了60个镇为中国历史文化名镇、211个村为中国历史文化名村。山西有7个镇、64个村名列其中。至此，全省中国历史文化名镇名村总数达到111个。2019年6月，住房和城乡建设部、国家文物局等六部门发布了《第五批中国传统村落名录》，全国共计2666个村落入选，山西有271个，加上前四批，山西一共有550个村落入选。无论是中国历史文化名镇名村，还是中国传统村落，山西入选名录的数量都名列前茅，是北方汉民族地区传统村落数量最多、风貌最完整、聚集度最高、类型最丰富的省份，足见山西历史文化之悠久、文化资源之富集。

传统村落积淀了数千年的华夏文明，是我们农耕生活遥远的源头与滥觞，是我国历史文化的鲜活载体，维系着中华民族最为浓郁的乡愁。传统村落拥有物质形态和非物质形态文化遗产，具有极高的历史、文化、科学、艺术、社会、经济价值。作为文化遗产的一部分，传统村落见证了人类文明和文化的发展进程，承载着中华优秀传统文化的精髓，寄托着中国人浓浓的乡愁。传统村落是一种不可再生的珍贵资源，村落的选址和变迁、屯堡村寨的建造、整体格局、街巷系统、各类传统建筑和设施，以及与其相互依存的自然景观和环境等，都饱含着岁月遗存，留给我们弥足珍贵的丰富信息，成为诠释历史的鲜活见证。这些遗产资源融合着优秀传统文化的精髓，反映了建造时的生产力水平、政治生态、经济状况、思想理念、思维方式、礼制文化、伦理道德、社会价值、审美艺术、建筑材料及工艺、管理理念和方式，一旦遭到破坏，将失不复得。遗产资源的不可再生性，也使保护文化遗产的真实性变得至关重要。但是，随着新型城镇化建设不断加快，一些传统村落数量也在减少，从我们身边消失，传统村落的保护已经迫在眉睫。如何合理利用传统村落各种资源，让传统村落的优秀历史文化得到延续和传承，这是时代赋予我们的重要历史课题。

2017年9月，山西省教育厅批准成立山西省互联网+与旅游产业升级协同创新中心，中心的牵头单位为山西师范大学。中心成立以来，不忘初心、牢记使命，充分利用现有条件，深挖潜力，在产业提升、地方服务、协同合作方面都取得了可观的成效。中心成立之初，我们及时抓住"三大板块"的契机，组织力量编写关于黄河、长城、太行的系列图书，进行了有益的探索，该套丛书已于2018年5月正式出版。2018年11月，中心根据国家政策与发展规划、山西省地方文化旅游产业发展的要求，结合中心使命、建设目标，将"山西古村落的传承、开发、保护与利用"作为重要任务，经过相关专家的认真论证，第一批确立了10项研究课题，以《历史·记忆·乡愁：山西传统村落保护与发展丛书》为丛书名。经过一年多的研究，这批成果即将出版。这套丛书是国家宏观政策与地方文化特色相结合的产物，也是高校教师服务地方社会的结晶。该丛书选题多样、内容丰富、风格不拘、异曲同工，既有以县域为单位的，也有以村镇为考察对象的，还有以大的流域、文化区域为研究范围的，其内容包含历史、传说、风俗、自然与人文景观、建筑、名人、宗教、非物质文化遗产、红色文化等，是山西省互联网+与旅游产业升级协同创新中心的又一批重要成果，是中心在古村落研究领域的重要探索，也会为后续的研究奠定基础。

除此之外，山西省互联网+与旅游产业升级协同创新中心在服务地方经济文化方面还做了一些重要的探索。比如，2019年5月，中心与八路军研究会太岳分会签署战略合作框架协议。2019年7月，与河津市签订三项课题研究合作协议书，分别为"古耿国文化寻证""司马迁与河津的文化寻证""河津市樊村堡文旅融合策划"研究合作项目。2019年9月，中心主办乡村振兴背景下的传统村落保护与发展学术研讨会，中国社科院、山西省社科院、东南大学、华中师范大学、山西省农业农村厅、山西省住房和城乡建设厅等几十家单位的专家与负责人参与本次会议，共商古村落保护的发展大计。作为山西省人大代表，中心主任车效梅教授提交的《山西省传统村落保护条例》议案，已为山西省人大所采纳，正在调研与立法中。

古村落里留存着大量的历史信息、文脉记忆、艺术创造、生活方式和人情礼数，每一处都凝结着先人们大量的心血和智慧。这种村落文化是最大多数人创造的文化，为最大多数人服务。它最朴实、最率真、最生活化、最富有人情味。因此，传统村落是承载乡土中国永久记忆的根和魂，是整个中华民族的精神家园，是中华民族的美好情缘。传统村落的形成和发展，也是文化的不断传承和创新。这种传承和创新之所以具有强大的生命力，是因为村落住民生生不息，在传统文化的引领下，不仅融合地域和民族元素，孕育出本土文化，而且对其核心价值给予认同和传承。我国现存的传统村落大部分始建于100年前，传统村落的历史文脉具有传承性的特征，表明了继承文化遗产的合理性和必然性。保护传统村落，一定要注重历史文脉的传承性，采取有效措施延续历史，而不是割断或抛弃历史。

如今，随着人们对传统村落认识的不断提升，我国传统村落保护、利用力度空前，成效显著。越来越多曾经凋敝破败却又承载厚重历史的传统村落开始焕发生机，不仅留住了"美丽乡愁"，留住了中国人的根，更传承了文化基因，延续了历史文脉。这对增强民族文化的自在性和自觉性，不断为农村发展注入活力，促进经济社会全面健康发展，具有重要意义。这套《山西传统村落保护与发展丛书》的问世，是山西省互联网＋与旅游产业升级协同创新中心的又一次探索与尝试，也希望借此引起社会各界对传统村落的关注，起到抛砖引玉的作用。

车效梅（山西师范大学历史与旅游文化学院教授）

CONTENTS 目 录

第一章　郭壁古村的残垣破壁及其精神内核……………………………… 001
　一、郭壁古村历史沿革及空间格局 ………………………………………… 003
　　（一）郭壁古村的历史概况 ……………………………………………… 003
　　（二）郭壁古村的空间格局 ……………………………………………… 005
　二、郭壁古村民居古建筑 …………………………………………………… 013
　　（一）郭壁古村的四合院 ………………………………………………… 014
　　（二）郭壁古村的三合院 ………………………………………………… 016
　　（三）郭壁古村的二进院 ………………………………………………… 017
　　（四）郭壁古村的联侧院 ………………………………………………… 019
　三、郭壁古村民居古建筑的特征 …………………………………………… 019
　　（一）四大八小 …………………………………………………………… 019
　　（二）古人对传统建筑文化之风水的考虑 ……………………………… 020
　　（三）防御性结构 ………………………………………………………… 021

四、郭壁古村的府君庙……………………………………………… 022

五、郭壁古村古建筑装饰……………………………………………… 030

（一）门户装饰……………………………………………… 030

（二）影壁装饰……………………………………………… 034

（三）匾额装饰……………………………………………… 038

（四）其他纹样装饰………………………………………… 042

六、郭壁古建筑的内涵及现状………………………………………… 045

第二章　王家大院的三雕图案及其文化内涵……………………………… 051

一、木雕图案…………………………………………………………… 054

（一）帘架处的木雕图案…………………………………… 055

（二）窗棂处的木雕图案…………………………………… 060

（三）翼拱处的木雕图案…………………………………… 063

（四）挂落处的木雕图案…………………………………… 065

二、石雕图案…………………………………………………………… 069

（一）门墩处的石雕图案…………………………………… 069

（二）影壁处的石雕图案…………………………………… 070

（三）墙基石处的石雕图案………………………………… 071

三、砖雕图案…………………………………………………………… 081

（一）墀头处的砖雕图案…………………………………… 081

（二）影壁处的砖雕图案…………………………………… 086

四、三雕图案的文化内涵……………………………………………… 091

第三章　张壁古堡的奇异之处及其文化内涵……………………………… 101

一、张壁古堡的寺观庙宇……………………………………………… 106

（一）南堡门寺观庙宇群…………………………………… 108

（二）北堡门寺观庙宇群…………………………………… 122

二、张壁古堡的星宿文化 …………………………………… 138
　　(一) 星宿文化 ………………………………………… 138
　　(二) 祭星路线 ………………………………………… 141
三、张壁古堡的地下暗道 …………………………………… 145

参考文献 ………………………………………………………… 151

后　记 …………………………………………………………… 157

第一章 郭壁古村的残垣破壁及其精神内核

郭壁古村（包括郭南、郭北两个自然村）地处晋城市沁水县嘉峰镇。沁水县位于山西省东南部，太行、太岳、中条三大山系衔接处，沁河流域中部，西临翼城县，东连高平市、泽州县，北与浮山县、安泽县、长子县接壤，南与垣曲县、阳城县搭界。

由于凭山临河，村人遂在河边高筑堤防，又因地形高低错落使得院落建筑层层叠加，如同在城的外围加筑的一道城墙，远望如郭，故名郭壁，并沿用至今。

郭壁古村距今已有上千年的历史，有着丰厚的历史文化底蕴和民居建筑遗存，整个村落街巷形式丰富，建筑种类繁多，包括居住、商贸、文化、防御、祭祀等各类建筑，是明清时期乡村集镇的代表，是研究当时社会政治、经济、文化、军事的一处典型文化遗存，具有重要的历史价值与文化价值。2006年，郭壁古建筑群被公布为全国重点文物保护单位。2014年被评为中国历史文化名村（第六批）。

远望如郭

第一章 郭壁古村的残垣破壁及其精神内核

一、郭壁古村历史沿革及空间格局

（一）郭壁古村的历史概况

郭壁古村始建年代已无从考证，现知最早有确切纪年的史料是村内崔府君庙所藏一通镌于明嘉靖七年（1528）的《郭壁府君庙重修记》石碑。结合《三晋石刻大全·晋城市沁水县卷》等录文，并对照原碑文，可知其碑文为："郭壁古镇也，距县治东南百里有奇，川原沃衍，草木繁茂，其人勤而多富，居则耕桑，出则商贾，俊乂弦诵之声后先罔辍。故自昔以善俗称焉。镇西不百举武旧有□□，元丰八年，居民所作，中肖唐崔府君像而奉其祀也。"可知崔府君庙在北宋元丰八年（1085）时就已创建，进而推测郭壁古村在此时应已存在。

明代时，古镇居民多聚居于河川平地，整个古镇的面积要比现存的古村大一些。但到了明天启年间（1621—1627），由于沁河多发水灾，大水冲毁了大片土地和民宅。为了避开水患，人们居住的地方越来越高，开始在土坡山丘上建造住房，逐渐形成了高台缓坡、逐级攀升的趋势，进而形成了一座依山面河的挂壁城郭。据《沁水县志》记载，明崇祯四年（1631）农民起义军攻打了郭壁古村北面的窦庄古城堡，三昼夜攻而不克，郭壁古村也遭受侵扰。居安思危，郭壁古村于明末清初修筑土夯堡墙，高筑堡门。在郭壁古村南，仍能看到一段青砖与夯土相结合的城墙。村北也留有两段不完整的城墙：一小段夯土城墙，一小段砖石结构。

明清时期郭壁古村经济发达，文化繁荣。经济上得益于沁河河谷这一天然的交通要道，郭壁与武安、窦庄、端氏镇等古镇成了商业活动与行军及物资运输的必经之路，成为连通晋豫冀三省的交通要道，更重要的是当地居民"人勤而多富，居则耕桑，出则商贾"，从而将郭壁经

郭南村残留的城墙　　　　　　郭北村残留的城墙

营成了上党地区有名的商业重镇，流传有"日进斗金"的民谣，享有"金郭壁"的美誉。文化上，明清二代，郭壁一共出了十位进士、两位举人、一位监察御史和两位通政司，有些宅第的门匾上直接题名"进士第""大中第"，甚至还刻有当年房屋主人历任官职名称。比较有代表性的人物为进士韩范。韩范（1556—1624），字思兼，号振西，明万历十四年（1586）丙戌科进士，观吏部政。历任工部都水司主事，营缮司员外郎，南京兵部武选司郎中，南京通政使司右参议，顺天府府丞，通政使司右通政。进士第是他得第后在家乡修建的一处住宅。韩范生性耿直，处事谨慎，虽然很受宰相孙丕扬（1531—1614）器重，但仕途却并不通畅，屡遭奸臣挟嫌报复。因不愿与朝中奸党为伍，遂于天启五年（1625）"以右纳言得请归田"，还乡吟诗论文、著书立说，有《皇考吟》《经世集要》《佚我园稿》《贻书抚台止社仓谷归并预备仓》等，并整理刊行常伦（1492—1525）的《常评事集》（四卷）。韩范居家期间，泽潞、平阳一带连年荒旱，赤地千里，米价昂贵，为国事焦虑的韩范写了《救荒议》等文章，内中直言"夫国之所以为国者，以有民也；民之所以为民者，以有食也。无食则无民，无民则何以为国？"并在《积粟备荒议》中提出设立"义粟"等主张以防凶荒，忧国忧民之心跃然纸上。韩范晚年在家训碑上书写"为人要正，做官要廉。为民则勤

第一章 郭壁古村的残垣破壁及其精神内核

耕,为仕则苦读。富贵不能淫,威武不能屈",显示了其做人的行为准则,可以说即使在今日仍然具有积极的人生指导意义。

(二) 郭壁古村的空间格局

郭壁古村所在的沁水县处于太行、太岳、中条三大山系衔接处,地形东西长、南北窄,东西长约150公里,南北宽约55公里。境内山峦起伏,沟壑纵横,存在明显的高度差。其独特的地形条件形成了当地的筑房特色,即院落坐落在不同高度的平台上,形成了局部阶梯式排列、以台阶相连的布局。

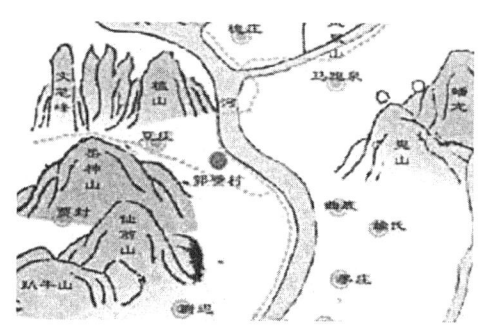

郭壁古村选址图(引自田静《传统村落中民居建筑的分类保护与更新改造研究——以山西省沁水县郭壁古村为例》)

穿境而过的沁河古称沁水,也称少水,发源于沁源县西北部绵山东麓的二郎神沟,南经安泽县、沁水县、阳城县后,穿过太行山流入河南省境。沁水县地势西高东低,海拔最高处与最低处相差1838米。郭壁古村沿沁河呈南北向延展布局,东边沁河水潺潺流过,西侧东西走向的蜿蜒山脉古称龙脉,村落依山而建,地处山环水绕之地,巧妙利用地形,与自然和谐融为一体,具有先天的地理环境优势。

由于郭壁古村位于背山面水的地理环境,使得村落的建筑都沿山而建,层叠而上,十分壮观。大多数建筑顺应山势,自由、随意地分布于山坳之中,没有矫揉造作,和山体融为一体。大的宅院一般也顺应地势,呈阶梯式分布。

郭壁古村的选址还有一大与众不同之处,是其位于沁河的凹岸,即侵蚀岸。自然界中的河流在地转偏向力的作用下,会自然地向右侧侵蚀,而侵蚀后的回水则在惯性的作用下侵蚀左侧,从而形成凸岸堆积而凹岸侵蚀的地貌现象。郭壁古村位于沁河的凹岸处,河流侵蚀作用较强，特别是在丰水期或洪水期，"沁溪暴发"，河流的巨大冲击力会使凹岸不断后退。凹岸由于河流侵蚀作用，泥沙不易沉积，因此适宜建设港口。据说府君庙东南临河的地方，就是古代沁河的主要渡口之一，也是"沁水八景"之"沁渡秋风"所在地。明人王徽《沁渡秋风》诗曰："沁水河边古渡口，往来不断送行舟。垂杨两岸微风动，数点眠沙起白鸥。"诗中描写了沁河古渡口的繁荣景象：河中舟楫你来我往，垂杨夹岸，微风徐徐，一两只白鸥展翅掠过河面，诗情画意，令人陶醉。河运渡口的存在，外加郭壁古村盛产铁矿，沿沁河西岸又有一条沟通沁水县和平阳府（今山西临汾）的黄金商道经过郭壁，这些因素使得郭壁古村成为明清时期的一个商业集散地，商贾富豪众多，经济繁荣，赢得了"金郭壁，银窦庄"的说法。

已经断流的沁河

郭壁古村周围地势卫星图

郭壁古村村落空间格局完整，由民居建筑的排布可以看出其整体呈带状分布并沿河伸展，坐西朝东，由北至南沿一条古商业街临河而建，院落大部分位于古商业街西侧，形成现在的郭南、郭北两个行政村。镌刻于清乾隆七年（1742）的《郭壁镇重修边墙记》记载："吾镇负山临水，势若长蛇，形家方之常山率然，为首为尾为中，南峦起伏，夭矫蜿蜒，极绵亘之胜，然地狭而道长。地狭则取径过窄，道长则举步多危，人畜颠踬，每上见告，此边

第一章　郭壁古村的残垣破壁及其精神内核

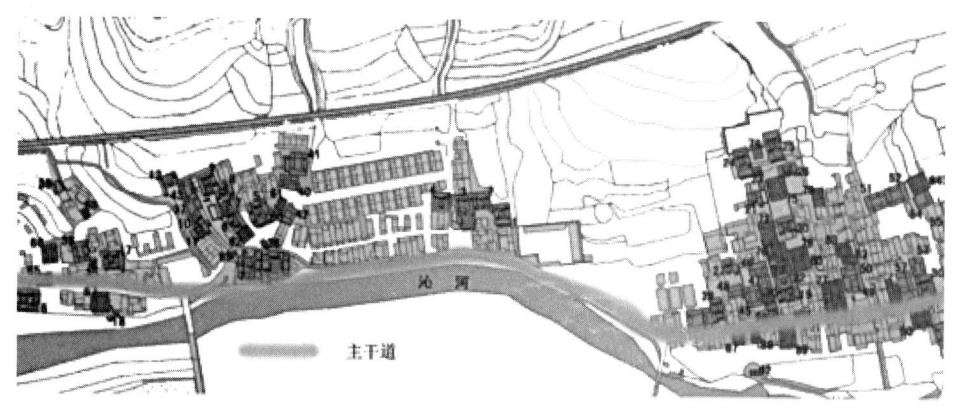

郭壁古村建筑布局图（引自张雯蓉《沁水郭壁古村建筑艺术特征研究》）

墙所由筑也。"据此可推知沿河有一条道路，可能曾经也是人员往来密集的古商业街，因为路长且窄，河岸又过于陡峭，所以经常发生危险，故而沿河修建了一道边墙。村中古街和古建筑都较好地保留了历史风貌，反映了典型传统村落的格局特点。村内各家族自成体系，张氏十三院、赵家院分布在郭南，王氏家族的三槐里、青缃里、进士第、韩家祠堂、韩范进士第分布在郭北，形成了一片片住宅群，防御体系与交通、排水等基础网络也以家族为单位自行组织，并以古商道南北贯穿各个家族群，其历史发展脉络清晰。郭壁古村建造时便有了四方有庙的格局布置，以期村落的持久繁荣。村四周修建有神祠阁楼，大街北口券门上修有祖师阁，东侧沁河岸边建有文庙，西端青缃里北有女娲庙。祖师阁北面镶嵌一块明万历二十七年（1599）石刻匾额，写有"郭壁镇"三字，如今匾额上的字用红漆重描过，已无半分历史感。村内划分的众多区域之间，分别通过内院楼或过街门楼分成若干个互相联系而又相对独立的街区。这些街区均以"坊"或"里"命名，如现存的宁远坊、青缃里等。

　　中国传统民居的空间构成模式以"间"为单体建筑的基本单元，以"间"组成"幢"，以"幢"组成"院"。"院"由东、西、南、北四

已被破坏原貌的石刻匾额

个方向的单体建筑围合而成，讲究不偏不倚的中庸之道。郭壁民居根据居住者的生活需求以及儒家伦理秩序，顺院落纵深方向布置，以正厅为中心沿着中轴上、下、左、右有序组织，建筑布局讲究坐北朝南为上、坐南朝北为下、坐西朝东为长、坐东朝西为次，且单体建筑的门窗朝向院落开启，构建出以院落为核心的功能空间，形成"内向聚合"的居住形态。郭壁古村的庭院空间基本较为宽敞，且布局合理、比例适中，其中在横向平面布局上，院落空间呈长方形，竖向则按轴对称方式布置，以正房、倒座（坐南朝北的房屋）为轴，其中正房多为两层或三层，体量较大，东西厢房及倒座基本为两层，且尺度相似。

郭壁的街巷基本保持了传统村落的格局，一般都比较窄，用当地的传统建筑材料石板砌成。经过长期以来的自然和人为因素影响，巷道的风貌发生了一定的改变，石板部分埋在了地下，露出地面的部分受到磨损，但这也正反映了郭壁古村悠久的历史。郭壁街巷的分布，以一条南北走向的古商业街为轴向西延伸出多条次要街巷，比较有代表性的为北郭壁的三槐里巷、药铺坨巷、崔五宅巷、赵家巷，南郭壁的码头古道、行宫巷、刘家巷、后沟院巷等，整体上呈梳式布局。由此产生出多个道路空间节点，并在节点处建造阁楼，通过阁楼沿着狭窄曲折的胡同可进入郭壁古村各个负有盛名的古建筑群，由此便可直观且立体地呈现出郭壁古村点（道路空间节点）、线（传统街巷）、面（古建筑群）的空间布局形式。独自行走在郭壁古村狭长幽深的街巷中，静谧、亲切乃至封闭、神秘等多种感觉不时涌向心头，同时屋顶的高低参差、街道的曲折变化、墙面的虚实对比乃至磨得光滑的石板路面，又不断丰富着人们的视觉感受。

郭南村有三个标志性建筑：一是崔府君庙。从郭南村白石桥入村，正对郭南村村级组织活动场所。其前有一小广场，右侧靠河边筑有崔府君庙，现在整个府君庙正在进行大修，不对外开放。二是府君庙西边的绍平原门楼。"绍"是继承、发扬的意思；"平原"指代战国时期赵国的平原君赵胜，因礼贤下士而为"战国四公子"之一；"绍平原"即指继承和发扬平原君的精神。通过绍平原门楼有一上

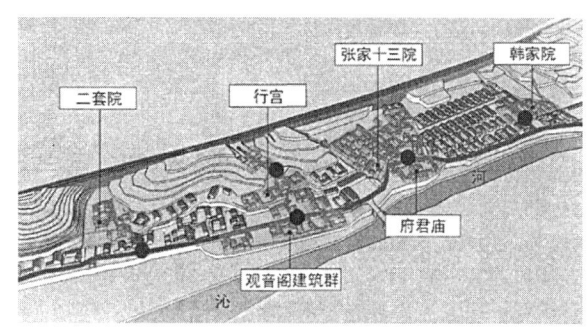

郭南村空间格局（引自田静《传统村落中民居建筑的分类保护与更新改造研究——以山西省沁水县郭壁古村为例》）

府君庙正门

坡，坡分两道，主道有"敬恕""耕读""雍睦""慎修""馥芸轩""忠信笃敬"等匾额，支道两个门洞额上分别写有"树德""聚顺"。绍平原门楼的左边有一陡坡，顶部有一比较普通的影壁，一户门额上写着"耕读"，往里穿过门洞的左手边有一门额上写着"保卫祖国"。沿着郭南村村级组织活动场所旁由红砖铺成的陡坡即到达郭南村最高点，可以看到残留的城墙，城墙的西边是红砖路，再往西就是深沟，现在沟底修有运煤的铁路，深沟两边由一石桥连接。残留的城墙下有一低矮的门洞直通村外到达深沟。三是行宫阁。行宫阁建于清乾隆二十二年（1757），是泰山神的行宫之一。从行宫阁往上百米，有一座

绍平原门楼

郭南村城墙外的红砖路及深沟

行宫阁门洞

泰山庙,据在民间影响深远的《封神演义》记载,姜子牙把黄飞虎封为东岳泰山天齐仁圣大帝,继而全国兴起建庙祭祀的风气,郭壁古村泰山庙就是其中之一。泰山庙始建于清康熙六年(1667)。行宫阁门洞里面的左手边有个小门洞,穿过门洞的主道由石块铺成。经过门额上写有"静远""树德培仁"等字样的宅院,直到泰安寨,再经过写有"叙天伦""修齐"等门额的宅院继续往上,就能到达残留的城墙处。

从郭南村沿着古商道到达郭北村,可直达三槐里门洞式阁楼。阁楼两侧各有两层街房。南侧街房临街设门,门前设柱廊,廊上四柱高擎,足有5米高。北侧街房同样临街设门,但门前不设柱廊。穿过阁楼门洞,是一条直直的甬道,宽约5米,长约百米,其两旁全是两层建筑的四合小院。甬道南北对称地建有两个垂花门楼。南侧"耕读传家"垂花门,进入后右手第一户上书"敦睦",院中有两层西偏房,上设挑廊,廊上栏杆雕成竹节,中间用栏板相连,显示了主人高雅的品味。第二户上书"怀德居",进入其中有一条10余米长、南北走向的小胡同。胡同东侧是清咸丰六年(1856)建的迎爽院,西侧是庆心苑。进士第垂花门有三层斗拱,里面为上书"敬天畏人"的宅院。沿着三槐里主道向前经过王氏宗祠,再往前经一门洞,进入后左手第一户上书"视履考祥",体现了主人严谨的治学风格。右手第一户挂有咸丰六年的"寅宾"门匾。主道往前有上书"乐善"二字的门洞。再往前"日宣三德"宅里面有"易安"院。沿着三槐里主道继续前行,即为王纪的进士第。门楼下方两层字牌,上书"顺治辛卯亚魁壬辰进士诰授中宪大夫敕赐蟒服分守山东济南道布政司左参政前内翰林弘文院",下为"庶吉士户礼工科左右给事中分守陕西陇右道布政司参议整饬江南苏松兵备道按察司副使王纪"。再往前有"大中第",内中南、北、东三处房屋尚存,西房早已倾颓。南、北房均为两层,米,挑廊东侧设木梯供人上下通行。带影壁的宅院,四层斗拱特别漂亮,图案。

三槐里门洞

"耕读传家"垂花门

二层中间设隔扇门,门外挑廊一再往前于青缃里城堡下有一座附最底层斗拱眼雕有"福""寿"

王纪进士第门额

福寿斗拱

青缃里堡墙

　　青缃里其实就是一座坚固的城堡，被称为"堡中堡"。"青"者，青色也，寓意名垂青史；"缃"者，浅黄色也，代称"书卷"之意。青缃里前的平台高9层，长20余米、宽15米，26级台阶特别陡直，难以攀登。城墙高约30米，中间寨门为砖拱形小窑门，上书"青缃里"三个字，寨门内部南北两侧有高1.6米的拱门。青缃里城堡内有门楼深嵌入院墙的"极高明"宅院。院内是一座三层高的镜面式小楼，明代风格，简洁明快，下面两层为居住用，第三层是敞开式的阁楼。青缃里虽然面积不大，但其高大的围墙、庄严的门楼、幽静的小街，显得古风犹存、叠层有致，很有曲径通幽的感觉。

　　沿着古商道往里有一户门额上写有"为人民服务"的宅院，门口有一座比较普通的影壁，入门后有一堵"四菜一汤"式座山影壁，内中一户门口两边看面墙上分别装饰"忠""孝"二字。沿着古商道再往前是进士第，即韩范的府第，两侧八字影壁下置威风凛凛的滚球狮子，气派非凡，直观感觉非常排场、讲究。拾级而上，精雕细琢的影壁迎面而来，影壁两侧分南北两院。从残缺的北院门向西，又见一道院门，门额上书"战兢"二字。南院门为拱形石券门洞，周边饰以麒麟、龙凤、

第一章 郭壁古村的残垣破壁及其精神内核

祥云等砖雕作品，砖雕门额雕刻"雍肃"，为庄严雍容、整齐和谐之意。沿着古商道再往前是中宪第，其北边有"纡水环山"门楼。

二、郭壁古村民居古建筑

郭壁古村的历史文化遗产中古建筑群是最具特色的，村内比较有名的包括三槐里、青缃里、张家十三院、行宫阁等古建筑群。这些古建筑群在空间布局、具体形态及局部装饰等方面各具特

看面墙上的"忠"字装饰

韩范进士第大门

韩范进士第"雍肃"门洞

中宪第门楼

"纡水环山"门楼

色、别具一格，但在民居建筑的院落结构、类型布局等方面却是大同小异，通过对某一处代表性院落的理解就能对整个古建筑群有一个大致的了解。郭壁古村现存的民居建筑结构主要以一进四合院为主，还有少量三合院、二进院和联侧院，大多数布局都是坐北朝南，主房置于院落的正面，厢房分列于东西两侧，围合成一个庭院，总体空间较为开敞。房屋建筑一般为两层，居室、客堂都位于一层，二层为储放物品的仓库，屋顶多为小青瓦硬山式。总体上看，郭壁古村民居建筑属于典型的晋东南民居风格。

（一）郭壁古村的四合院

郭壁民居以砖木结构为主，大多为一进式四合院，四合院的形式是东、西、南、北面都有楼房。受地形限制，郭壁古村主要为由二层楼房组成多重院落的组合格局。院落单元以"扶主房"为主，特点是四面楼房环绕，正房高大，另外三面较低，突出尊卑有序的传统院落组合特征。大门一般开在东南角或西南角（依街巷而定），如果是北大门或南大门，要另在院的东南角或西南角加修二门，再拐向大门。如果大门与街巷正对，要在大门内外修建影壁。郭壁房屋结构多为四大八小或四大四小式。正房大多坐北朝南，面阔三间。左右耳房各两间，不住人，仅用于放置物品，且有楼梯与正房的二层相通。东、西面厢房各三间，即使正房、厢房皆为二层，正房的屋檐也要高于厢房的屋檐，以突出正房的主导地位。南房三间。正房前檐以木质栏杆围护，窗、栏杆多做小木作装修。位于住宅中轴线后端的正房（堂屋、明间）坐北面南，开间阔大，高于两侧厢房，规格高级，形式华美，是全宅突出醒目、视线聚焦之处。正房由长者居住，两侧厢房为子女晚辈居住，男性晚辈多住东厢房，女性晚辈多住西厢房。在"尊卑有分，上下有等"的礼制等级制度规范中，房屋建筑从群体到单体、从形制到装饰、从聚落环境到室内陈设布置，无不充满秩序感，从根本上满足了人们尊崇祖制、礼仪规范的心理

第一章 郭壁古村的残垣破壁及其精神内核

需求，诠释了"礼者，天地之序也"的精蕴要义。

青缃里"极高明"院就是比较具有代表性的一进四合院，坐西朝东，背山面水，现存建筑为清代风格。院落由东至西，坐落着倒座、左右厢房、正房及耳房。大门位于整个院落的东北角，朝东开设，深凹入墙内，匾额楷书"极高明"。正房为三层的堡楼，砂石台基，面宽三间，进深四椽，单檐悬山顶，保存风貌较好，防御功能明显。踏六级台阶进入正房，一层为窑洞式住宅空间，中间为拱形门，次间各开一扇拱

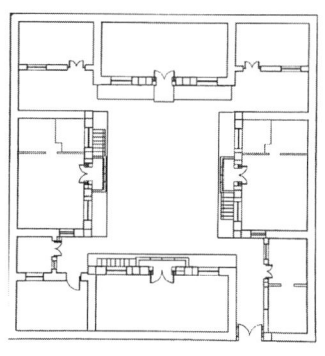

"极高明"院平面图（引自张雯蓉《沁水郭壁古村建筑艺术特征研究》）

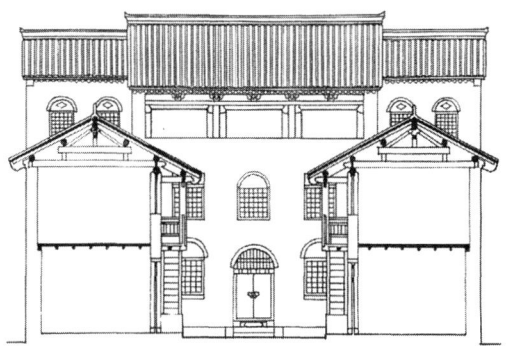

"极高明"院剖面图（引自张雯蓉《沁水郭壁古村建筑艺术特征研究》）

"极高明"院院落形制（引自田静《传统村落中民居建筑的分类保护与更新改造研究——以山西省沁水县郭壁古村为例》）

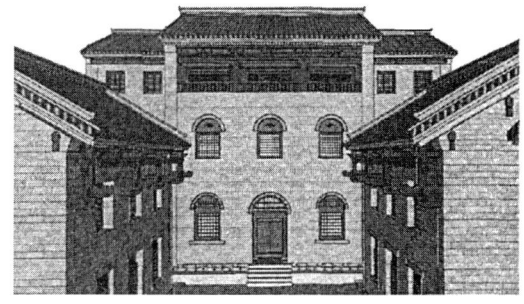

"极高明"院正房示意图（引自田静《传统村落中民居建筑的分类保护与更新改造研究——以山西省沁水县郭壁古村为例》）

"极高明"院倒座示意图（引自田静《传统村落中民居建筑的分类保护与更新改造研究——以山西省沁水县郭壁古村为例》）

形墙窗，二层设三扇方窗，三层东向设敞廊。这里是全村的制高点，同时起到瞭望的作用。正房堡楼内有秘密夹墙、窨井、暗道，可通到堡墙外。厢房和倒座为二层建筑，整体保存完好，楼廊以及从外部通向二层的楼梯损毁，户牖装饰完好。正房及左右耳房均为三层，但耳房比正房矮。"极高明"院的总体布局完整，房屋结构保存完好。

（二）郭壁古村的三合院

四合院南面若没有倒座则称为三合院或簸箕院。郭壁古村现存的三合院有馥芸轩、"作德日休"院等院落，正房和左右厢房呈轴对称分布，一般为二层建筑，二层有木质出廊，房屋以青砖和木材混合修建而成。典型以馥芸轩为例，坐北朝南，为一进三合院落，清中期建筑特征。中轴线上依次为大门、正房，两侧为厢房、耳房，东西厢房均为石砌台基，两层，面宽三间，进深四椽，单檐悬山顶。窗格有蝙蝠形纹样。大门为垂花门，单檐悬山顶，垂柱柱头为凤尾状。木质板门上有如意纹的门环，上下有铁质包叶，匾额正面书"馥芸轩"，门内题匾为"直向方斗"。院内正房为拱券形门，门前设台阶，两边为方形墙窗，二层排列三扇拱形窗，木质窗棂。左右耳房有出廊。

第一章　郭壁古村的残垣破壁及其精神内核

"馥芸轩"匾额

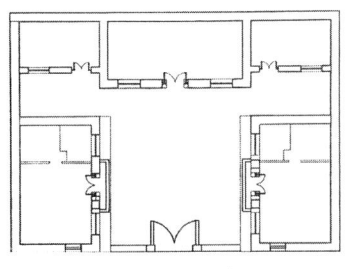

馥芸轩平面图（引自张雯蓉《沁水郭壁古村建筑艺术特征研究》）

馥芸轩剖面图（引自张雯蓉《沁水郭壁古村建筑艺术特征研究》）

（三）郭壁古村的二进院

郭壁古村中的二进院，门头高大气派，多是官宦人家的高宅阔府，以三槐里进士第、中宪第、韩范进士第比较有代表性。三槐里进士第，"三槐"之名源于周朝时三公面朝天子的时候面对的三棵槐树，后用"三槐"比喻"三公"。《周礼·秋官·朝士》载"面三槐，三公位焉"，《陈书·周迪传》载"位等三槐，任均四岳"，凡此种种记载说明"三槐"有位列"三公"、升官晋爵的寓意，因此世人多喜在庭中植槐，期盼子孙发达、位极人臣。后来"三槐"慢慢成了王氏的专用指代词，"三槐里""三槐堂"等称号其他姓氏基本不会使用，这源于《宋史·王旦传》所记王旦的父亲王祐曾"手植三槐于庭,曰:'吾之后世,必有为三公者,此其所以志也。'"后来王旦果然做了宰相,当时人称"三槐王氏"。王旦之孙王巩请苏轼写的一篇《三槐堂铭》被编入《古文观止》广为流传。三槐里进士第位于三槐里街东北部,是比较有代表性的二进院。大门朝南,门匾上书"进士第"三个大字。大门内左手边进门为第一进院,院内有两座三开间房,房屋为一层建筑;第二进院有主房、两座厢房和倒座。第二进院的门口立了一座影壁,其样式简单,实用性大于装饰性。第二进院房屋均为二层建筑,二层有木质出廊,通向出廊的外部有石质楼梯。

三槐里进士第门额

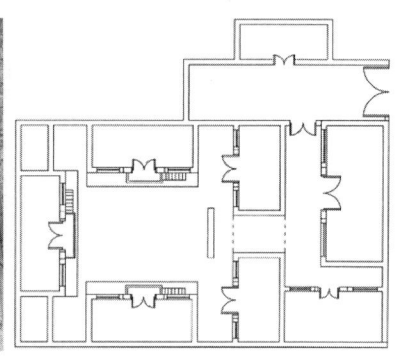

三槐里进士第平面图(引自张雯蓉《沁水郭壁古村建筑艺术特征研究》)

中宪第门楼

韩范进士第"雍肃"宅内景

第一章　郭壁古村的残垣破壁及其精神内核

(四) 郭壁古村的联侧院

郭壁古村民居古建筑比较与众不同的是多院串联及双院并联两种形式，其中多院串联的典型实例是张家十三院，即由十三座院落串联而成，虽然每个院落都有独立的入口，但是院落之间却可以通过一个个小院门连接，这样整个张宅古建筑群就成了一座防御型堡寨，当地人称之为"串串院"。

张家十三院内景

张家十三院月殿分香院坐西朝东，一进四合院，中轴线由东至西建有倒座、正房，两侧为厢房、耳房，据大门门匾记载其建于明朝崇祯九年（1636）。张家十三院前院、中院并列排开，格局大体相同，院落坐北朝南，一进院落布局，中轴线由南至北建有倒座、正房，两侧为厢房、耳房，大门建于东南角。正房石砌台基，房高两层，面宽三间，进深四椽，单檐悬山顶，明间为木板门，次间格栅窗，二层明间出廊。张家十三院东院坐北朝南，由东西并排而建的两组院落组成，西边院落牌楼式大门设于西北角，北房石砌台基，面宽三间，进深四椽，五檩前出廊，单檐歇山顶，门窗改制，南房为砖券式窑洞。西边院落东侧设二道门，内建北房、东房、南房，为窑洞式。张家十三院南院坐南朝北，一进三合院，建筑为清代风格。

三、郭壁古村民居古建筑的特征

（一）四大八小

四大八小式四合院是沁河流域古村落基本院落模式，三合院就是从

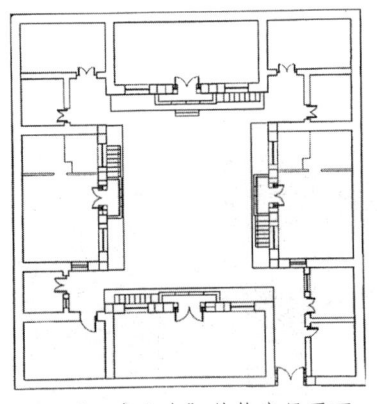

"四大八小"结构房屋平面图（引自张雯蓉《沁水郭壁古村建筑艺术特征研究》）

中衍生而来的。这种院落一般呈方形，房屋多为两层，有时正房甚至盖到三层以上，通常一层住人、二层放物。"四大八小"式四合院中的"四大"是指正房、倒座及东、西厢房四座主体建筑，体量较大，常见面阔多为三开间，正房随着院落的使用功能也有采用五开间的，是院落的主要活动场地，用于居住、待客、祭祖等。"八小"是指附属于四座主体建筑的耳房（厦楼），分别设置在院落四角，粗看是面阔两间，实际上都是小开间的宽度，进深也相对较小，属于附属服务功能空间，多为院落出入口、楼梯、厕所、厨房等。

四合院既可以单独使用，又可以进行众多组合，且在组合过程中受各院落彼此之间的交通联系、建筑形式及功能的影响，在"四大八小"的基础上可以不断衍生组合，形成串院、套院等。

（二）古人对传统建筑文化之风水的考虑

古人把住宅的吉凶祸福同宅主的盛衰安康紧密地联系起来，住宅的优劣首先要看宅址选择的好坏，因此都要审慎地勘察宅址的地形、地势、水源及周围的建筑、植物、道路等情况。一般的选址原则是"近水向阳""负阴抱阳"，并在选定的宅基上安排宅中的"三要"（门、主、灶）、"六事"（门、路、灶、井、炕、厕），推算出各个房间的"宜"与"不宜"。

古人关于院落的修建还讲究"四水归堂"，即使四合院四周屋顶上的雨水都倾泻进院子里。雨水代表财，"堂"指中央院

庭院中的中官爷

第一章 郭壁古村的残垣破壁及其精神内核

落或天井,"四水归堂"象征聚财。在山西各地,院子正中有一个用砖或石块垒成的台子,像方凳一般大,叫"中宫爷"或"中央神",它是姜太公的象征。中宫爷名称的由来,是因为住宅四合式的布局正合乎九宫格的样式,院落便是中宫。民间传说,西周时姜太公辅佐武王伐纣成功之后,大封诸神,自己却不居功,隐退到老百姓住宅里,替百姓保家护院。中宫爷极其朴素,甚至简陋,但十分牢固、坚实,这就是百姓赋予姜太公的性格。民间讲究不能践踏中宫爷,不许坐在它上面,更不许向它泼水、倒秽物。每逢朔望(农历每月初一为朔,十五为望),点一炷香,奉一碗饭。也有些地方,如闽西,百姓在上房正脊中央做一个龛给姜太公,叫"太公亭",为太公挡风防晒。

(三)防御性结构

门洞左右两侧用于封闭的孔

防御性民居是受中国古代角楼和望楼的启发产生的一种乡土建筑类型。郭壁古村由于历史上为商业重镇,财资甚多,每到兵灾之年,尤其是明末清初社会动乱之际,盗寇流窜,地方政府无力保一方平安,百姓为求自保,在家族组织下修建堡寨式建筑聚族而居,并依山势层层上抬,且层层设大门,因此建筑群有很明显的堡寨式特征,防御工事修建完整。村里道路修建为丁字路,并且道路两边的院墙高耸平整,不易翻墙进入。有的院子修建为串院,院与院之间多数能够相连,四通八达的路网,外来人如入迷宫,寨内人却可以穿梭自如,便于战争时期利用有利地形进攻与撤退。街巷口多设有堡楼,堡楼高两三层,一层为门洞,平时可供人行走,上层有瞭望窗,利于防卫。门洞内左右两侧靠近底部各有一个小孔,上方横木左右两侧也分别有一个小孔,在需要时可把门闩死,门洞内就成为一个密闭的空间，可起到防守的作用。

青缃里门洞陡直的台阶

青缃里堡寨为全村的防御中心，堡墙高约30米，有着狭窄的堡门、陡直的台阶，地势险要，登楼可以瞭望全村的环境，据楼可以坚守，在战时可作为观察指挥所，是一种独立的居住型防御建筑。郭壁的大门多为高大狭窄的样式，这是通过缩小大门尺寸来加强防御。堡内水井保证了被敌人封锁时能够提供水乃至食物，也能在敌人火攻时用于灭火。郭壁古村南的城门上留有落款为"崇祯六年"的"御侮"题刻，抵御外辱，防御意味明显。凡如此类建筑细节都证明了郭壁古村是典型的防御性城堡，在堡寨建筑的设计上防御功能齐全，全村建筑组合布局突出"住防统一"，"住"是目的，"防"是手段，在满足安全防御需要的同时，也尽量照顾日常生活的公共性与方便性。

四、郭壁古村的府君庙

郭壁古村建造时便有了四方有庙的格局布置，现存寺庙主要有府君庙、泰山庙、关帝庙、三官庙等，而以府君庙保存最为完好。据镌刻于明嘉靖七年（1528）的《郭壁府君庙重修记》载，"镇西不百举武旧有□□，元丰八年，民居所作，中肖唐崔府君像而奉其祀也"，可知府君庙建于北宋元丰八年（1085）。府君庙供奉的是神仙崔珏，即崔子玉。相传唐代的崔钰曾于贞观七年（633）任上党长子县令，其才智过人，理刑有方，且多为善举，爱民如子，深受世人赞誉。府君庙是为纪念他而建。《列仙全传》载有其"昼理阳间，夜断阴府……发摘人鬼，无异

第一章 郭壁古村的残垣破壁及其精神内核

神明"的故事。民间至今还流传着"崔钰审虎"的传说。崔钰因秉公任直，死后被任命为阴司掌生死文簿的丰都判官，各地纷纷为其立庙，昭示功德。但是在英国国家图书馆藏敦煌文献2630号《唐太宗入冥记》中的崔子玉似乎也没能做到秉公任直。《唐太宗入冥记》载：

> 催（崔）子玉却据□□而坐，检寻文部（簿）："皇帝命禄归尽。"遂依命禄上□□命禄额上添禄，又注："十年天子，再归阳道。"催（崔）子玉添禄已讫，心口思惟：我缘生时官卑，不因追皇帝到此，凭何得见皇帝面？今此觅取一员政（正）官。遂即执笏奏曰："臣与陛下勾改文案了。"皇帝曰："如何也？卿即速奏朕知！"崔子玉又心口思惟：我不辞便道"注得十年天子"即得，忽若皇帝不遂我心中所求之事，不可却□□三年五年，且须少道。崔子玉奏曰："微臣何无（德），得陛下亲躬到此！但臣与陛下添注命禄，更得五年，却归阳道。""朕若到长安城，天下应有进贡物，悉赐与卿。"崔子玉又心口思惟：此度许五年，即赐我钱物。忽若更许五年，必合得一员政（正）官。遂再奏曰："臣缘□□，昔言已主（注）得五年归生路。臣与李乾风为知与（己）朝庭，将书来苦嘱，非不殷勤。臣与（以）李乾风更与陛下注五年，计十年再归长安城。"皇帝再闻所奏，语崔子玉："朕深愧卿与朕再三添注。朕若到长安城，天下应有进贡钱物，悉总赐卿。"崔子玉又心口思惟：皇帝两度只与我钱物，尽不道与崔子玉官职，将知皇帝大惜官职。崔子玉见皇帝不道与官，心口思惟，良久不语。皇帝遂问崔子玉："卿适来奏朕，□朕却归阳道。朕到长安取卿，卿须朝朕。"崔子玉曰："臣当朝陛下。"帝曰："卿早晚放朕归去？"崔子玉奏曰："伏惟陛下通一纸文状下，以为案底。"帝曰："朕□之日，不曾解通文状，如何通得？"崔子玉又心口思惟：若不痛吓，然可觅得官

职！子玉遂乃奏曰："陛下若不通文状，臣有一个问头，陛下若答得，即却归长安；若答不得，应不及再归生路。"皇帝闻已，忙怕极甚，苦嘱崔子玉："卿与我出一个异（易）问头，朕必不负卿！"崔子玉觅官心切，便索纸祗揖皇帝了，自出问头云："问大唐天子太宗皇帝，去武德七年为甚杀兄弟于前殿，囚慈父于后宫？仰答！"崔子玉书了，□与皇帝，[皇帝]把得问头寻读，闷闷不已，如杵中心，抛问头在地，语子玉："此问头交（教）朕争答不得！"子玉见皇帝有忧，遂收问头，执〔笏〕而奏曰："陛下答不得，臣为陛下代答得无？"皇帝既闻其奏，大悦龙颜："依卿所奏！"崔子玉又奏云："臣为陛下答此问头，必得陛下大开口。"帝曰："与朕答问头，又交（教）朕大开口，何也？"子玉奏曰："不是那个大开口。臣缘在生官卑，见任辅阳县尉。乞陛下殿前赐臣一足之地，立死亦幸！"皇帝语子玉："卿要何官职？卿何不早道！"又问："是何处人事（氏）？"崔子玉奏曰："臣是蒲州人事（氏）。"皇帝曰："赐卿蒲州刺史兼河北廿四州采访使，官至御史大夫，赐紫金鱼袋，仍赐蒲（辅）州（阳）县库钱二万贯与卿资家。"崔子玉奉口敕赐官，下庭拜舞，谢皇帝讫，上庭坐定。

故事大意为：因为玄武门之变，唐太宗射杀了建成太子及齐王元吉，为二人所告，生魂被追入地狱，阎王勘问杀兄于前殿、囚父于后宫之事。文中共有两个主要人物，一是冥府判官崔子玉，一是唐太宗。文书有残缺，现存部分着重记述两个人的问答。崔子玉一人兼有阴阳两职，李乾风在阳世与崔子玉同为太宗之臣，两人相善，因为太宗入冥而至书请求。崔子玉为太宗改添十年阳寿，并借机千方百计要求太宗厚赠其官禄，然后送太宗还阳。若真如文献所言，连神灵都为了获得高官厚禄而枉法，难免不让人唏嘘感慨！

第一章 郭壁古村的残垣破壁及其精神内核

郭壁南村村口路边、沁河西岸，过一座小石桥就能直接到达府君庙。现存府君庙坐北朝南分前后两院，南北长70.6米，东西宽42.7米，占地面积为3015平方米。据庙内保存的明万历四年（1576）《重修府君神祠记》及清康熙五年（1666）《郭壁镇补修府君庙记》，可知明天启年间（1621—1627）沁河泛滥，府君庙受到威胁，村民为防止府君庙再遭洪水破坏，就采取了整体搬迁的方法，将府君庙移到了现在的位置。府君庙山门是面阔三间的二层楼阁式建筑，一层作过道用，二层倒座

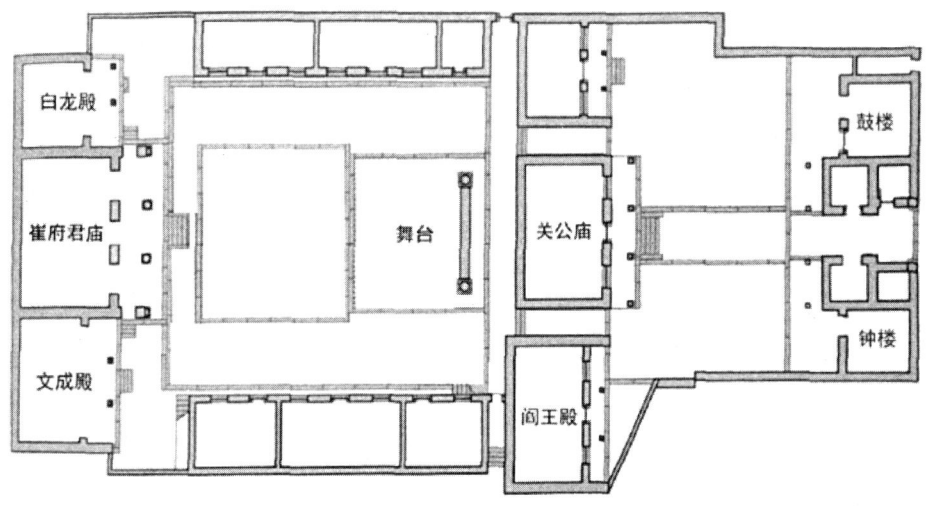

崔府君庙平面图（引自张雯蓉《沁水郭壁古村建筑艺术特征研究》）

府君庙过道戏台

关王殿

是面阔三间面北的过道戏台，门上匾额蓝底金字书"府君庙"三字，山门两侧分别建有钟楼、鼓楼。与戏台相对为前院主殿，即明代所建关王殿，建于高台之上，面阔三间，进深两间，前出廊，悬山顶，正脊上写有"关王殿"三字，通檐施石柱四根，上置大额枋，斗拱三踩单昂。关王殿供奉的是关圣帝君，名羽，字云长，河东解县（今山西运城）人，三国时蜀汉大将，辅佐刘备成就大业，曾大破曹军，威震一时，后因孙吴大将吕蒙袭破荆州而被杀，谥号"壮缪侯"。关羽在历史上被尊称为"关老爷""关王""武圣""关帝""山西夫子"等，民间多称"关公"。关公信仰自魏晋南北朝萌芽，其后以神的形象出现，唐代宗教形态初步形成，但自魏至唐，关羽在民间的影响并不太大，宋代成为官方正祀，并开启官方加封的第一个高潮而声名日赫。宋代封其为"义勇武安王"，明朝加封其为"三界伏魔大帝神威远镇天尊关圣大帝"，清乾隆年间（1736—1796）改其谥号为"忠义"。关公虽然不属于任何一个宗教，但因为深受人们的尊崇，所以成为儒释道三教争夺的焦点，佛教尊之为"伽蓝神"、道教尊之为"关圣帝君"、儒家尊之为"武圣人"，三教的争夺极大地促进了关公信仰的发展。关于关羽的事迹最令人耳熟能详的莫过于《三国演义》中所描述的与刘备、张飞"桃园三结义"的故事，以及"过五关斩六将"的英勇事迹。正是通过《三国演义》等文学作品及说唱评书等方式的宣传，关羽作为"忠勇"的化身得到民众的广泛认可，形象深入人心。

关王殿东西两侧分别建有子孙祠、阎王殿。镌刻于明嘉靖四十四年（1565）的《郭壁镇重修子孙祠记》载："吾镇府君庙之西北隅，故有子孙祠一所，翊一方之生息，便四民之祷祝，视诸祠尤为切要。第旧制隘暗，岁久渐颓，金碧晦于烟尘，檐牙剥于风雨，神栖靡安，人瞻增慨。于时社首韩君惠囚兹发祥之所，遂起聿新之念，输谋宣力，鸠工庀材，一时檀越，翕然信从。神像饰以金碧，榱角焕以丹青，门易以楄，柱易以石，左右增□□二神，两壁肖螽斯、麟趾百子，未逾两月，

第一章 郭壁古村的残垣破壁及其精神内核

神祠告成。"说明其对子孙祠进行了一次大修，面貌焕然一新，而且还在祠内画上了能繁衍众多子孙、寓意子孙昌盛的螽斯、麟趾。关王殿前院东南隅有土地庙小院。关王殿与子孙祠之间以及关王殿与阎王殿之间都留有一条较狭窄的通道与后院相连。前院与后院之间留有一小段间隔空间，关王殿背对着舞楼。舞楼为元代建筑类型，呈正方形，坐南面北，台基平面呈正方形，长9.19米、通宽8.85米、高0.55米，四柱之间为6米，可三面观，台基上用木柱四根支撑起单檐歇山屋顶。金柱极为粗壮，有收分、卷刹、侧脚，升起明显。柱上设井字大额枋，上置普柏枋，斗拱粗壮，上施四铺作单昂里转五铺作出双抄，用琴面真昂，坐斗有内凹。前后正心斗拱斜出45度，耍头全部做蝉肚纹，内部梁架结构系八卦藻井，大小两个四角星、上下三层八卦圈，玲珑剔透，神形皆备，可谓构思奇巧。据说舞楼的藻井没用一根铁钉，制作手法堪称精湛，是最能让观者感叹、佩服古人建筑技巧之处。其屋顶山花向前，山面透空，出檐较深，举折平缓，琉璃脊饰玲珑别致，鸱吻为元代构件，索筒板瓦盖顶，椽子、滴水部分已被替换。此舞台虽经后世多次修葺，但仍保持了宋金舞台的原貌和大部分构件，对研究中国北方农村庙宇戏曲舞台沿革有着重要价值。后院曾建有献亭，1958年拆除。崔府君殿是后院正殿，面阔三间，进深两间，前出廊，通檐用柱四根，两侧施小八角石柱，中

舞楼

舞楼藻井（局部）

府君殿大殿屋顶横木上记载了有关重建情况

《重修府君神祠记》碑

间施两木柱，有侧脚，收分明显，柱础低矮，柱头斗拱五铺作，补间斗拱用真昂，悬山顶，整体为金代建筑，但据书写于大殿屋顶横木上的"大明天启七年六月十六日右通政韩□，社首王用子、韩焕、赵光启，分理韩曰禩、韩□、韩□、翻□□、翻□、张洪德、赵□等重建"，可知大殿在1627年时曾重建过。正殿左右配有白龙殿、文成殿及东西厢房数间。脊兽是琉璃烧制，鸱吻孔雀蓝色，素面筒瓦，滴水勾檐，是保存至今的元代原物。

崔府君庙自建立以后曾多次重修，建筑多有罅漏，样貌破旧狭隘，榱桷亦将倾圮。至明万历年间（1573—1620），郭壁古村号召全村村民维修府君庙，虽然花费浩大，所需材料亦难备齐，但还是克服重重困难，于吉日聚集工匠对倾危乃至破漏的建筑进行维修，扩大建筑面积，重新装饰彩绘，使得府君庙整体焕然一新，以敬供神明，昭示后人。据庙内万历四年（1576）的碑刻《重修府君神祠记》记载："镇之南，旧有神祠一所，创于宋，重修于金、元，而恢弘于国朝之永乐、成化、正德，上下盖五百有余岁矣。祠正宇祀府君神；左祠二：白龙神、武安神；右祠二：子孙神、牛王神。其东为庑，为厨舍；其西为庑，为李公祠。其中为拜堂，次乐舞楼，次二门。门之外有地藏殿、五道殿，居左右焉。至其南为大门，门之内又有厦数间，列于门之两傍。"说明

第一章 郭壁古村的残垣破壁及其精神内核

万历四年时府君庙建制完整，包含正祠、左祠、右祠、厨舍、住舍、李公祠、拜堂、舞楼等，下一进院落中有地藏殿、五道殿分立左右，已经不单单是一座庙宇，而是一个祭祀众多神灵的建筑群。

到万历三十五年（1607）时，《郭壁镇重修府君庙记》明确记载："郭壁故有崔府君庙，在镇之西南隅。正殿毖祀府君，若五龙，若壮缪侯，若子孙神，若紫台，若地藏、阎罗，若牛王，若五盗将军，若李公，分左右，次第血食焉。"说明相较万历四年（1576）府君庙供奉的神灵基本没有发生改变。"壮缪、紫台，故东西向，徙而南向，而壮缪之更张……李公祠即《搜神记》所称赍符牒捕虎吏也，按传，乃孟完，李公之说无所考。余命易其扁，曰'孟公'"，说明武安神（壮缪侯）祠的方位从东西向变成了南北向，也就是现在关王殿的坐向。至于李公祠，韩范等士绅则认为所祀是孟完，所以应改称孟公祠。康熙甲寅年（1674）的《补修大庙记》碑文记载"吾镇神庙颇多，惟此庙气局甚宏，诸神之殿宇亦甚备"，说明此时崔府君庙仍然格局完备、气势宏伟。《补修大庙记》载："诸君毅然曰：'以此栖神滋神恫矣，我辈既身首此社，则修葺之责舍我其谁？'由是不辞劳勤，或于社事有存留，或于村众有募化，积少成多，遂鸠工□匠，缺略者补之，颓败者扶之，挠折者更易之，破没不鲜以及先于位置者，咸逐一董治之。虽规制仍前，然而庙貌聿新，视畴昔为丕变，诸神之灵庶其得妥矣乎！夫神悦即民安，理固不爽，于以造福本土，良兆□□，使后之人皆能如是。"可见，古人把修补庙宇房屋视为己任，全村动员，有钱的出钱、有力的出力，将房屋破败之处填补，将折断之处换新，使残破的古建筑焕然一新，认为"佑为者神之功，事神者人之忱。有对越骏奔之诚，则有蒿凄怆之感，有积善作德之庆，则有永锡祚胤之祥，此固神人相孚、有感必通之道也。一时之人，仰庙貌之新，必将起作福之念，自将荷神锡之休，岂徒俊一方一时之美观也哉？"这样才能神人相助，生起做福事做善事的念头，进而获得福报。整修庙宇，尽心尽力、诚心满满固然重

大修中的府君殿

要,但实际上都是外在的表现形式,最根本的乃是"修德""作善",否则"反道悖德""自作其孽",再怎么礼拜神灵、整修庙宇,神灵也不会保佑。读历次重修功德碑文会有一个非常强烈的感受,即古人对神明非常敬畏、恭敬,发自肺腑,不掺水分。府君庙中的石碑、墙碣大多记载重修府君庙的功德,这些碑文提供了大量有关府君庙的历史考证。另外,有些其他地方的碑文也涉及郭壁古村民对崔珏的态度,如《郭壁创建元武庙碑记》认为崔珏"生为名臣,死为名神,神固聪明正直者也。而蚩蚩之氓不察也,梦幻也,而实境据之;师巫也,而蓍蔡奉之;偶然也,而符节信之"。时至今日,在郭壁百姓心中,府君庙依然占据很重要的地位,逢年过节,家家户户都会去府君庙祭拜,祈求各种心愿的达成。

五、郭壁古村古建筑装饰

(一)门户装饰

中国古代历来重视住宅门户入口的营造和装饰,"宅以门户为冠带",将之视同人的脸面,是户主及其家庭显示社会经济地位的标志和象征,汇聚了丰富且深厚的文化内涵。作为出入之咽喉、吐纳之气口、贫富之表征、贵贱之载体,门户入口,尤其是院门,对于彰显民居建筑的规模、等级、档次、品位等具有先入为主和提示点睛的重要先导作用,民间素有"七分门楼三分厅堂"的说法,因此古人在装饰院门上乐意花费大量的人力物力。郭壁古村的民居院门相对比较完整地保留了原始面貌,装饰更为丰富,视觉冲击更为震撼,更容易让人对其社会经济地位有一个大致的判定。由于郭壁古村历代文人、商人颇多,文化氛围及商业氛围都很浓

第一章　郭壁古村的残垣破壁及其精神内核

厚，导致院落多向街巷方向开门，门户形式不固定，官宅和商宅的入口空间有明显的差别。总体而言，郭壁的门户主要分为堡寨门楼、广亮大门、垂花门三类。三者既有差异，也有共同之处。下面分别介绍各自的代表性门户，以进一步了解其所具有的旅游价值乃至文化价值。

1.堡寨门楼

堡寨门楼作为堡寨的主要通道，以防御为第一要素。整体设计并无过多细节装饰，但是从实用角度来看，堡寨式建筑本身墙体高大，大门作为整个堡寨外围最薄弱的部分，必然要尽量缩小面阔，增加大门高度，以提升防御功能，使进攻方难以展开。因此这类堡寨式门楼修建得极其狭窄，有"一夫当关，万夫莫开"之势。郭壁堡寨式门楼主要有："极高明"院门楼、给谏第门楼与中宪第门楼。"极高明"院门楼为此类门楼的典型。"极高明"院位于整个青缃里的最高处，其门楼是郭壁所有门楼中最细长高耸的。大门凹进墙内两米，两边清水墙高耸，大门较窄，经过门前的五级台阶才能跨入大门，给人的视觉冲击力较强，让人产生此门此堡牢不可破的强烈认识。门前只有门枕，并无抱鼓石或者石狮。中槛之上置四个门簪，上方门匾书"极高明"三字。

话说高门出贵人，非壮丽无以重威，斗拱层叠是门户壮丽的表征

"极高明"院门楼

中宪第门楼

给谏第门楼

"极高明"院斗拱　　　　　中宪第斗拱　　　　　给谏第斗拱

之一，也是身份地位的象征。虽然斗拱本质上是中国建筑特有的一种结构，但其被赋予了装饰性和形式美，并衬托和彰显了建筑的格局、规格、气势和韵致。斗拱是斗和拱的合称。斗为方形坐斗，拱为弓形肘木。方形斗、弓形拱，位于梁柱之间，起着十分关键的支撑作用以及巧妙的中介过渡作用。斗拱的所有构件各就各位、各司其职，而以斗为总的支撑点。斗拱彼此交叉，相互重叠，形状各异，相得益彰。堡寨门楼大多数非常重视斗拱构件，"极高明"院门楼斗拱为上四下二，下方斗拱形似凤尾，三面打开，剔有云纹，两边夹墙木框雕有镂空吉祥纹，横枋上方分布三攒四出跳斗拱，上方承接房檐。

2. 广亮大门

广亮大门是屋宇式大门的一种，也称"广梁大门"，在等级上仅次于王府大门，高于金柱大门，是具有相当品级的官宦人家采用的宅门形式。其一般位于合院的东南隅，占据一间房的位置。门扉设在门庑中柱之间，由抱框、门框、余塞板、走马板、抱鼓石（或门枕石）、板门等组成，门前空间深邃，显得门头宽敞高大，庄重而气派。大门的外檐柱间、檐枋之下安装雀替，这一构件既有装饰效果，又能代表大门的规格等级，是我国传统民居宅门常见的一种装饰构件。郭壁采用此类大门的有韩范进士第大门和王纪进士第大门。

韩范的进士第是郭壁古村众多进士第中门头最为精美华贵的。登六级台阶可达大门，大门为砖石结构，多用砖雕和石雕装饰。大门的

第一章　郭壁古村的残垣破壁及其精神内核

韩范进士第大门

王纪进士第大门

门槛、门扇、门框、门簪已不可寻，只留一木横枋，上方砖雕一竹节形拱券，正上方阳刻"进士第"三个大字。大门左右各立一面与门楼成30度夹角的侧墙，其上装饰均为砖雕。自上而下观察，九片瓦当之下为四椽斗拱，斗拱间隙分别雕刻着花卉、麒麟等浅浮雕作品。侧墙横梁下方，横向排列着五组长方形砖雕图案，以中间的图案为中心，两边图案对称，从中间至两边依次为团花、麒麟望日、龙马献图。下方为墙面主体，左右各七块长方形的图样自上而下排列，且左右图案相同，每个图案寓意为一个字，两边墙上则为一副对联。两排图案之间的主体墙面，底纹为阴刻的六方形，中间为一个正八边形图案，磨损严重。四个角也分别雕有浅浮雕图案，上方为团龙图案，下方为藤蔓吉祥图案。再下方雕有须弥座，阴刻有细密的花卉纹样，呈二方连续。门前有石狮子和抱鼓，但风化破损严重。

3.垂花门

垂花门是民居建筑中一道极富装饰性的门，因为其檐柱不落地，而是垂挂在门檐下，所以称为垂柱，垂柱下有垂珠，一般彩绘为花瓣的形式，故称垂花门。三槐里内"耕读传家"院垂花门是郭壁古村保存最好、木作最为精细的一座垂花门，有着极其精美华贵的斗拱，属于典型的清代建筑风格。外檐下的三攒五踩单翘单昂斗拱，雕刻形制精细绝美，作用已由功能性转变为装饰性，昂呈三、五、七的数列分布，雕刻纹样主要以各式团花和卷草纹为主。中间的一攒，外檐出三跳，最下方的三条昂为浅浮雕雍容花朵图样，带卷草纹，寓意吉祥富贵。中间层有斜出假昂，雕刻花纹为凤凰展翅，凤头高昂向上，喙微张，脖颈后的羽毛层层向后覆盖，能看出羽毛层叠的细节，两侧翅膀成45度角向外张开，木雕薄片呈现出羽毛的轻柔感，层次丰富，意为"凤凰来仪"。中间层最外边两昂内侧雕刻了一枝花头朝下的六瓣花，花枝缱绻弯转，两边长有细长的叶片。最上方一层雕有七个龙头，中间的龙头比两侧的略大，口张开，呈吞云吐雾之势，双目圆睁，耳朵向后竖立，精神抖擞，龙鳞和胸甲一层一层地向斜上方排列，能够感受到龙的动态，与中间层的凤凰暗喻"龙凤呈祥"。所能看到的斗拱构件皆有雕刻装饰，其中最下方的斗上阴刻有蝙蝠，寓意"来福"。下方的额枋有高浮雕的立体花朵，花朵为三层花瓣，向外舒展，花朵中间雕有飞鸟，羽翼丰满，尾毛上还雕有羽毛纹路。垂柱下方的垂珠雕刻为四层花瓣的莲花，花型饱满圆润。门额中间书"耕读传家"四个大字。

"耕读传家"院垂花门

（二）影壁装饰

影壁又称照壁，一般而言，北方更习惯称其为影壁。旧时传说开门不慎便会有恶鬼闯入宅院，难以防范。后来人们发现鬼只会直来直往，不会转弯，于是便在大门外或大门内竖一道墙，这样恶鬼就进不到院内，因此才有了影壁的设立。建在大门外的影壁是正对门户的装饰性矮墙，与大门相对作屏障之用，在人们心目中其作用更多的是祈吉辟邪求平安。假若有的人家大门在村头或路边，道路直冲而来，以民间迷信的

第一章 郭壁古村的残垣破壁及其精神内核

说法，是前冲射，于住户不利，在大门前面竖一座影壁进行禳解，则可消灾去祸，所以影壁在民间又有"鬼碰头"的叫法。位于大门之内的影壁是用以遮挡视线的屏障墙体，起到屏蔽宅门的作用，以防外人窥视院内人的活动。影壁中央常有一个小小的天地爷神龛，俗称"天地圪窟"，龛的周边有雕凿精致的花边，里面放置陶瓷或木雕的神像，最简单的是在龛内正面贴一张木刻版印刷的神像，甚至只用红纸写一个诸如"天地人三界十方万灵之神"的神号，并配有一副对联。影壁的立面主要由上、中、下三部分组成。

"四菜一汤"式影壁

下为基座，或称壁座、下碱，一般为砖砌，讲究的用磨砖砌成须弥座。中为壁身，习惯以磨砖做出枋柱形，中间影壁心45度斜向镶砌方砖，中心和四角加砖雕纹样花饰，称为"中心四岔角"或"四菜一汤"式。门内影壁高度应超过门的高度，若低于门的高度，大门就像一张虎口，影壁反成了口中之物，民间有"饿虎伤人"之说。其宽度也要大于门的宽度，不小于门道，通常与门道外口等宽。影壁与门道之间的距离一般为八尺，这个尺寸考虑到花轿出入以及发送老人往外抬棺材时的需要。

在中国传统建筑文化中，影壁首先具有避邪的作用。建筑的入口被视为气口，民间认为影壁能对生命之气起到采纳、操纵、疏导的作用。从实际日常生活起居的层面看，它能遮挡人的视线，强化民居宅第的私密性、安全感和神秘感，这也是传统建筑外实内虚的封闭性特征所致。从空间序列的角度看，影壁可视为民居空间序列的起始点，居住空间的第一个可识别的符号标志。大门外的影壁有两种：一种是一字影壁，设置于胡同、街道或河道对岸，正对宅门，旨在借助胡同、街道或河面来扩大空间，与大门及门前空间遥相呼应；另外一种设置于大门的东西两侧，与大门檐口成120度或135度夹角，平面呈八字形，称作八字影壁或撇山影壁，大门要向里退2至4米，在门前形成一个小空间，可作为进出大门的缓冲之地。在八字影壁的烘托陪衬下，宅门显得更加深邃、开阔、富丽。由于影壁具有较好的视觉空间和流程导向功能，所以入口空间自然地转纳入空间序列中，强化了大型府邸建筑的气概。大门内的影壁形式较为多样：其一，位于庭院中心，以影壁为中心标志，划分院落住宅的内与外；其二，正对大门呈独立状的影壁；其三，入口影壁附立于厢房山墙上，称为座山影壁或借山墙影壁，与左右两边的墙和院门组成一方形小院，成为从街巷进入住宅的一个过渡。从现存影壁的总体情况看，大致呈现出两种相异的风格：官宦富户大门内外的影壁通常规模宏大、雕镂细致、屋脊高翘，并饰以琉璃、彩绘等各色装饰，呈现出华美的风格。而普通百姓家的影壁，多以粗砖碎石砌筑而成，较少雕镂，最多在壁心处书写"福""寿"等吉祥文字或装饰简单的图案，与大户人家的精雕细琢相比，倒也呈现了几许质朴之美。

由于受地形限制，郭壁古村局促的地势难以容纳较大的装饰性建筑，各建筑组合内的影壁多因地制宜，采取简化的手法节约空间，因此影壁设计较为矮小，有些影壁直接砌在厢房墙壁上，采取了极为简化的象征性做法，这应是郭壁古村建筑极为独特的手法。目前保存较为完好

给谏第影壁

韩范进士第八字影壁

第一章 郭壁古村的残垣破壁及其精神内核

的有福禄安康影壁、松鹤延年座山影壁等。

1.福禄安康影壁。此影壁位于敦睦院的东面,与主房相对。影壁雕刻于墙面之上,上接房檐,下达地面。房檐下方有一层方形波浪砖雕,下置木质横枋,接三件斗拱。下部横梁中间砖雕两只麒麟,两侧装饰几何纹样,万字纹连接折返不断头纹,两端垂下砖雕垂花柱,柱头雕有球形花朵。中间的长方形主体四周雕一圈紧密相连的莲花瓣花纹,四个角为变形的蝙蝠纹样,形似花朵,翅膀似两片叶子,中间为菱形方格底纹,正中为四块菱形砖雕。其上方雕有梅花鹿,"鹿"与"禄"同音,寓意俸禄财富,其余三块为蝙蝠纹,"蝠"与"福"同音,有幸福之意,四块砖雕整体为福禄安康之意。此面影壁粗犷中有精细,虚实结合,有繁琐细密的纹饰,也有大片简洁的底纹,使整个画面看起来有透气感,同时又饱含了主人的美好意愿,祈求全家福禄安康、和和美美。

孝字影壁

2.松鹤延年座山影壁。此影壁位于韩范进士第大门内正中央,整体是一个带座屏风的造型。其画面上方横排6块砖雕,有太湖石的造型、海水流云的造型,两侧也分别饰有6块砖雕,画面各异。有人推测,这18块砖雕其实是一副对联,每块砖雕代表一个字,但可惜的是至今没能破解。正中央右边雕刻一棵苍松,松树下方立一昂头仙鹤,羽翼丰满,脚爪雕刻精细。鹤首周围雕刻几丛菊花,层层花瓣细密绽放,菊花叶片惟妙惟肖,形制准确,叶脉清晰。仙鹤脚下为兰花,叶片舒展,生机勃勃。从其后方生出几枝青竹,竹竿清秀细长,层层竹节挺拔向上,顶端竹叶茂密,叶片细长层层堆叠,雕刻精细,竹叶与松针交相辉映,虚实结合,却不显杂乱。青竹旁边立一仙鹤,羽翼刻画惟妙惟肖。画面左边中部位置伸出一虬枝蜷曲的梅树枝干,上方的细枝上朵朵梅花精巧玲

韩范进士第松鹤延年影壁

珑。梅树背景为高耸的岩石,岩石上方还雕有一轮红日。"松鹤延年"与"梅兰竹菊"共同出现在画面之中,体现了韩范谦谦君子的气概节操。下方基座最上边雕刻"富贵不断头"装饰纹样,纹样九曲蜿蜒,没有尽头。再往下是一长方形构图,上下长边各有六块横放的长方形砖雕图案,左右短边各有一块竖放的长方形砖雕图案。长方形构图中间为五个正方形砖雕图案。长方形砖雕的所有图案都是植物纹样,但又各具特色,互不雷同。

(三) 匾额装饰

"匾"指悬挂在大门上方或大厅的木质标识物。"额"大多位于院墙大门、侧门上方,即门洞额的位置,也有厅堂、正屋两侧的门洞上方的石头浮雕墨字。匾额往往作为建筑的门面和装饰,是建筑的标志,也是门户的标志,在建筑中起到画龙点睛的作用,悬于宅门则端庄典雅,置于厅堂则蓬荜生辉。按照所设置的建筑类型分类,可以大致分为官式建筑中的匾额和民居环境中的匾额。民居环境中的匾额与广大人民的生活密切相关,其中既有官方题赐意在旌表的匾额,也有大量民间私人所题、表达家族观念和个人理想的匾额。不管是形式还是内容,民居环境中的匾额都较官式建筑中的匾额形式活泼、题材广泛。匾额是我国独有的一种历史记忆与文化思想的呈现形式,以文字符号与物质载体相结合而形成文化记忆文本,通过悬于门楣之上的形式进行展现。中国古代建筑匾额历史悠久、内容丰富,其写景状物、叙事绘景、言衷抒怀、写意遣情,无不寓意深邃而音逸弦外。作为人居环境的符号,匾额既承载着人生哲学、道德文章、襟怀志向和爱好缘由,又折射出宅院主人的社会地位、身份和意趣。书匾题额唯有契合于环境的品质和特征,提纲挈领,画龙点睛,与建筑或环境"声气相洽",才能熠熠生辉,引人入胜,进一步拓展和提升建筑的艺术价值。匾额的内容宽泛地说可分为三种类型:一种是房屋的名号,如"树德居"等;另一种是地位官衔,如"进士"等;再一种是赞誉与勉励,如"勤慎诚"等。具体而言又可分为下面几种:"标名"类匾额意在标明名号,起到标识或门牌的作用;"身份"类匾额传达对于赠予对象的身份认同及肯定,封建时代的达官显贵,常利用挂匾的形式来炫耀自己,把官名题于府第,书"××第";"述境"类匾额主要对建筑或环境进行描述;"抒情"类匾额用以抒发主人内心情感;"褒扬"类匾额表达对受赠对象身份、功绩之尊崇;"道贺"类匾额用以贺喜;"劝勉"类匾额用以醒世、警世、明德省身;"言志"类匾额将主人的理想志趣寄寓其中,以自励勉人;"祈福"类匾额表达人们对美好生活的向往;等等。

郭壁古村民居匾额题字

树德	雍睦	乐善	寅宾	遵路	极高明	克己复礼	忠信笃敬
聚顺	慎修	敬承	战兢	馥芸轩	中宪第	勤俭传家	树德培仁
敬恕	秩南	中和	雍肃	大中第	怀德居	日宣三德	纡水环山
耕读	远静	敦睦	忠孝	给谏第	三槐里	敬天畏人	作德日休

匾额在各种环境和场所中的运用,关键在于点题准确、使用恰当,文字必须注重辞简意切。匾额文字大多出于文人之手,一般均精练深邃,或引经据典,或引申指代,或隐喻象征,或开宗明义,真草篆隶,蔚成气象,文化内涵极其丰富。文辞恰当的匾额文字,不仅表现了作者的才华,也能表达祝颂与褒扬之意。匾额文字言简意赅,用字不多,或

"敬天畏人"匾额

写景状物、寄情抒怀，或箴规励人、言志祝福；其形式又多种多样，有集引、造句、摘文、集字等；所涉及的文体范围很广，有诗词、散文、成语、典故、格言等。匾额文字以少字匾居多，须言简意赅、辞意贴切，一般应遵循以下几个原则：1.取材恰当。匾额的内容与题材的选择，需考虑多方面的因素，如受赠对象的身份地位、职业年龄、社会背景、地方的风俗习惯等。2.用辞典雅。匾额用辞力求典雅，文意隽永，能使人吟咏再三，回味无穷。3.行款正确。匾额款式分为正词、上款、下款。正词为赞誉，上款书写受赠对象，下款书写赠匾人及时间。作为匾额题写的主题，有如下特点：文辞出之有理，有较强的识别性和可记忆性；文字有较佳的读音，有较佳的形态，有优美的文采，书之端庄大方，观之形态极佳。匾额作为一种文化表现手法，在一定程度上体现着宅院主人的社会地位、内心追求、文化层次、审美倾向，往往能够令人回味、引发联想，挂于宅第不仅使其环境更加诗化、富有意境，同时也反映出主人的品位及气质。

在民居环境中，匾额依附于民居建筑而存在。建筑要表现它的精神功能，要表达主人的理念、追求、趣味，更倾向于通过装饰表现出来，而匾额因文字表意的直白，最能集中表达这些内涵。民居环境中的匾额主要具有指示功能。匾额最初就是作为一种建筑空间的指示性符号出现的。从符号学的角度来说，匾额具有图像符号、指示性符号及象征性符号意义。作为指示性符号常用来标明建筑的出入口，起着指引的作用。同时，匾额还是一种心境的象征符号，展现建筑的特征与品质，使整个空间环境形成一种意境，启发联想，这与以"意"为主的中国传统美学思想不谋而合。郭壁古村民居匾额内容丰富，其匾额文字主要体现了两大特点：其一，体现了"礼"的精神。儒家以重视伦理道德区别于其他

第一章 郭壁古村的残垣破壁及其精神内核

学派。仁、义、礼、智、信被儒家称为"五常",视为人所必备的五种基本道德法则,而"孝"则被提高到了"经"的崇高地位。《尔雅·释训》云:"善父母为孝。"儒家学说以家庭父子关系为中心,全面提出了子女对父母尽孝道的原则理论,

"寅宾"匾额

适应了宗法社会的需要。汉代起,统治阶级就提倡以孝治天下。"事父母能竭其力,事君能致其身",用父权来衬托君权的至高无上。在中国封建小农经济社会里,孝的观念有广泛的社会基础,为社会各个阶层所接受。民间匾额,尤其在牌坊上所挂的匾额常常以"孝"作为题材。"忠、孝、节、义"也常被联系起来作为一种伦理原则。《忠经·保孝行》载"孝者必贵于忠","故君子行其孝必先以忠",报国尽忠,奉亲孝养,两者是一致的。在中国古代社会,伦理道德始终在社会意识形态中占据着中心地位。一方面,礼俗文化影响着匾额装饰;另一方面,匾额也成为宣扬礼俗文化的工具。它们生动地表现了人们对传统道德观念的追求,达到对宗族、对后人潜移默化的教化作用,以及维护家庭和社会稳定的作用。郭壁古村民居匾额上的"忠孝""忠信笃敬""克己复礼"以及看面墙上的"忠""孝"等,都是"礼"的具体表现。其二,体现耕读文化。"一等人忠臣孝子,两件事读书耕田",耕读文化是中国乡村文化中不可或缺的一部分,在传统民居匾额的题材和装饰意向中有充分的体现。耕读生活早期作为文人的一种理想,起源于隐逸,是儒家"退则独善其身"和道家"复归返自然"的人格结构,在中国传统文化中有着很高的道德价值,意味着高尚、超脱,是古代士人阶层陶情冶性的寄托。受孔孟老庄之道影响,乡村人期望后代儿孙能够"读书入仕,光宗耀祖"。"读可荣身,耕可致富"成为宗族的传统,世代

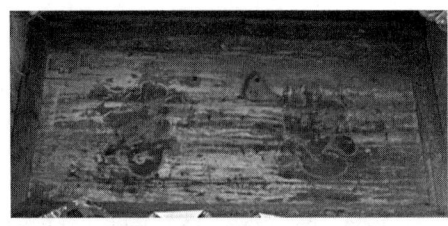 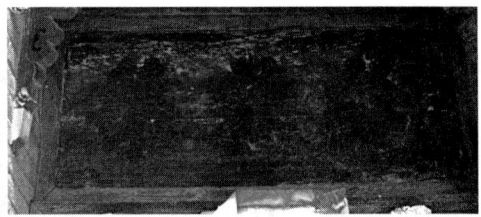

"忠孝"匾额　　　　　　　　　　　"给谏第"匾额

相袭。耕读生活与我国古代的"厚本抑末"或"重农轻商"思想不无关系，也受儒家所宣扬的"万般皆下品，唯有读书高"思想的影响。这种耕读文化影响着匾额的文化内涵，如郭壁古村常见的"耕读""耕读传家""勤俭传家"匾，更多的是对科举入仕的表彰或炫耀，郭壁古村"进士第""给谏第""中宪第"乃至"极高明"匾无不是一种高姿态的宣示。

（四）其他纹样装饰

郭壁古村的院门同北方绝大多数古村落的民居建筑院门一样，自身也暗含着一些中国传统文化在内。郭壁古村的大门大多数开在东南角，民间称此为"抢阳"。期盼阳光尽早照上门窗，表达了人对大自然的主动性。由于门户是宅室的入口，所以配饰物多以镇物或祥物表达辟凶趋吉的追求。如鱼形门钥也是镇宅的吉祥物，因鱼死不闭眼，被附会有守夜镇户的功能，因此在古建筑和家具上多常用。郭壁古村一些代表性院落的大门前一般都有"门当"和"户对"。据说古代的将军在战争中获胜荣归故里后，常常将战鼓放置在宅第门前炫耀战功。随着时间的推移，逐渐演变成了抱鼓石、门枕石。古代建筑中，一般只有较大的宅门才配有抱鼓石。这些抱鼓石具有固定门楼建筑的功能，所以叫做"门当"。门当，通常为一对石鼓或者石墩，一般置于大门两侧的地面上，呈扁形。门当因鼓声有似雷霆，俗信能辟鬼退祟。古代由于等级身份的限制，门当的形制也有所不同，官宦富豪使用符合各自身份的抱鼓石，

第一章 郭壁古村的残垣破壁及其精神内核

而普通门宅则只能用木质方门墩或门枕石来代替。门当除镇宅外，还有装饰功能，与门簪、门槛、门扇、门框一起，表现古朴典雅的整体艺术装饰美感。户对，即置于门楣上的砖雕或木雕的短柱。短柱长一尺左右，一般纯圆柱形代表户主为文官，六边形方柱为武官。短柱与地面平行，与门楣垂直，由于置于门头上，且取双数，故名"户对"。户对形似男性生殖器，传达了生殖崇拜中重男丁的传统观念，主要目的是祈求人丁兴旺、香火永续。户对上面往往雕刻有与宅院主人身份相应的图案，而且数量不同，所以户对数量的多少和图案的差异，反映着宅院主人财富的多少和权势的大

"门当""户对"

小。凡有门当的宅院，一般也有户对，所以门当、户对常常同呼并称，其成双成对、永不分离的寓意，正好符合男女婚配的美好愿望，又因为"门当户对"可视为门第身份的重要标志，所以其逐渐从单纯的建筑构件演变成了男女婚配衡量条件的标准，并在男女婚配中转义为出身相当。

郭壁古村窗棂多为规则的圆形和方形，且多为嵌于墙内的墙窗。据统计，郭壁古村窗棂纹样主要有如下几种：风车纹为四个方向首尾相连，寓意世间万物循环复始、生生不息，或说财富源源不断；回纹从青铜器上的雷纹衍生而来，形状似"回"字，主要有二方连续和四方连续，寓意吉祥万福，长长久久永无止境，福禄绵长。万字纹即"卍"字形纹饰，被认为是太阳或火的象征。它被中国人视为吉祥符号，则与佛教有关。佛教认为它是释迦牟尼胸部所现的瑞相，有吉祥、万福和万寿之意，从而受到民众的普遍喜爱，其纹饰常见的有万字锦等，寓意永久不变、趋吉避凶、万事吉祥。方胜由两个菱形压角相叠组成，是一种富

铁皮上的各种吉祥图案

有吉祥寓意的几何图案：一方面，"方"为方正，"胜"为超越、优美、昌盛之意；另一方面又取其形，压角相叠，寓意同心相连。《西厢记》中张生"把花笺锦字，叠做个同心方胜儿"，即是要把他给崔莺莺的情书叠成方胜的图形，比喻两人同心。钱币的圆形方孔几何纹样在门窗装饰中也常出现，直白地表达了主人对财富的向往。而蝙蝠纹表达了主人对未来的美好憧憬。

郭壁古村进士第建筑中装饰图样多为显示官宦人家气势的龙、狮子、麒麟等，常见的图样还有显示自己一身清廉的莲花图样、表达夫妻和睦的鸾凤和鸣、代表长寿安康的仙鹤等。不管什么样式的纹饰都具有一定的形象寓意和谐音寓意。中国人历来讲究各种纹饰图案中包含吉祥福寿的寓意，从图样雕刻中反映人们对生活的向往与热情。纹饰图案

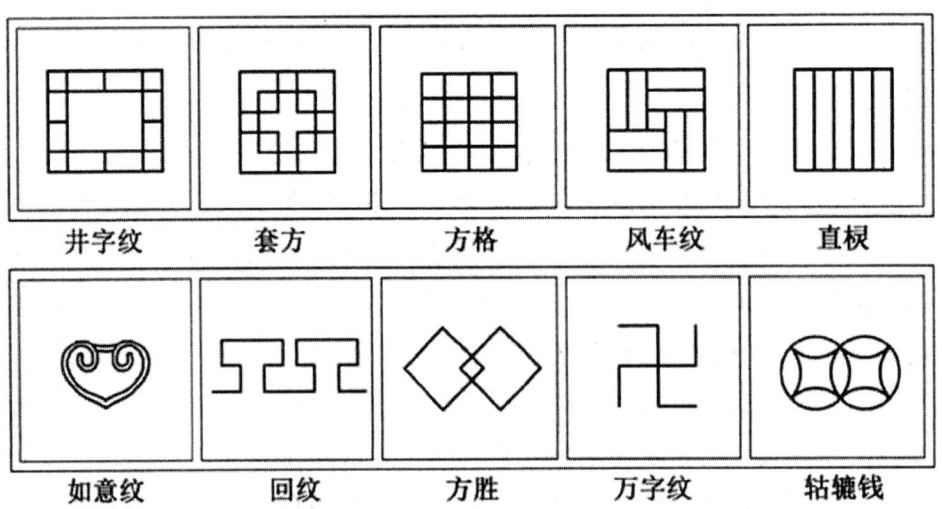

郭壁古村窗棂主要图案样式（引自张雯蓉《沁水郭壁古村建筑艺术特征研究》）

铜钱纹方格窗棂　　　　　蝙蝠纹窗棂

中经常运用同音字的形象来表达寓意，借助动植物、器皿名称之音韵以示吉祥，为汉字在装饰图案上的巧妙应用。

六、郭壁古建筑的内涵及现状

郭壁古村落现存的建筑遗产丰富，保存了相对完整、真实的历史遗存，同时附带了大量的历史文化信息，是明清时期该地区生活方式和文化特色的载体，具有较高的历史价值、文化价值、艺术价值和科学价值。（1）串联并接，类型多样。郭壁古村落一个很大的特色便是张家古宅的13个院落，虽然每个院落都有独立的入口，但是院落之间都通过一个小院门连接，这样整个张宅古建筑群就形成了一个整体，当地人称之为"串串院"。（2）过街楼阁形式多样。郭壁古村落民居的特点是建筑群的入口处有一个阁楼，阁楼一般有两层，底层是通往建筑群的通道，整个建筑群都沿着这条通道左右布置，例如行宫阁等。（3）街巷纵横，曲径通幽。郭壁古村落有众多巷道，大大小小各不相同，或道路宽阔、开敞明亮，或依山而上、蜿蜒盘旋，或幽暗神秘、曲径通幽，给整个村落平添了很多意趣，使得巷道不仅具有交通功能，更具有景观效果。（4）四大八小，格局严整。四大八小式院落是村内所有民居最主要的特色。（5）建筑雕饰简洁古朴。郭壁雕饰简朴，多分布于门楣、雀替、门柱石、柱础石、影壁、窗棂、隔扇、前檐处。这些雕饰用意、形、音的方式，表达吉祥富贵，反映了宅院主人对美好生活尤其是对子孙的良好祝愿和热切期盼，又充分展示了中国传统民俗文化的深厚底蕴。（6）匾额艺术丰富多彩。郭壁古村村民比较崇尚教育，很多院落匾额上写着"耕读传家"，勉励后人树德培仁。这些匾额寄托了主人的情趣和意愿，不仅具有较高的书法艺术价值，更是其严谨家风的体现。（7）台基高筑，防洪排涝。既然村落是沿河布置，就必须考虑水位的涨落变化，因此沿河建筑的防水处理显得至关重要。为了防止汛期沿河两侧的建筑被淹没，必须将其抬至一定高度。郭壁利用天然石料修筑台基，将建筑建于其上，从立面可以看到建筑的底座是大块的条石，通过台阶或坡道才能到达院落入口，这样就起到了防止房屋被淹的作用。郭壁院落内部的排水主要通过院内地面的高差，经过一系列排水道流出院子，再通过村落的地形高差流入沁河。（8）宗教文化浓厚，民俗文化多样。郭壁古村宗教建筑主要有府君庙、泰山庙、关帝庙等。郭壁民俗非常丰富，婚嫁、节日都有一套完整的礼仪，按不同要求有不同规制。

虽然郭壁古村山水环境典型，历史文化遗存丰富，具有十分重要的历史文化价值，但保护现状并不十分乐观，发展与保护的矛盾较为突出。首先是与现代化、城镇化的冲突。由于十几年来经济发展迅速，现代化、城镇化进程加快，郭壁古村作为一个努力追赶现代化、城镇化进程的村镇，同绝大多数古村镇一样，在村落部分空间布局上没能很好地处理保护与发展的关系，少部分现代化建筑及裸露的天然气管线，使得古村的历史风貌和周边自然环境的整体形态遭到一定程度的破坏。由于古村的基础设施建设没有得到根本解决，群众生活较为不便，尤其是旱

第一章 郭壁古村的残垣破壁及其精神内核

改建过的门楼

厕、垃圾及原煤燃烧，严重影响了古村的环境卫生。再者，现如今沁河早已断水，往昔渡口的繁荣景象不复存在，村边煤层气工厂及嘉峰镇的煤矿都或多或少地影响到郭壁古村的生态环境。其次，保护意识淡薄。郭壁的大部分古建筑保存风貌较好，但绝大多数村民并没有意识到古村落的历史文化价值、旅游价值，导致对古建筑重视不够，保护意识淡薄，致使雕刻精美的柱础随意扔在路边，珍贵的石碑成了吃饭的桌台，院落外的影壁被文物贩子从墙上剥离盗走，屋脊和戗脊上的鸱吻、仙人走兽基本都遭到了破坏。时至今日，拆除历史建筑以作他用、损坏雕刻装饰的现象还偶有发生，一些古建筑年久失修，任由风雨侵蚀倒塌，石雕也风化严重。在经济高速发展的今天，在古建筑遗存短期内尚不能带来经济效益的情况下，这些状况对大多数人来说或许根本就不当回事，如此何谈保护，也仅能眼睁睁地看着它败坏、倒塌，最终尘归尘、土归土。面对如此现状，加强对郭壁古村民的文物保护教育和防盗意识教育，尤其是充分发挥农村基层组织的作用，已到了提上日程的时候。再次即是古宅院破败得令人不忍入目。遍览郭壁古村落，只见古民居残破不堪，满眼萧条景象。整体上看一座古宅院，一般正房不住人，多在东西偏房及倒座有住户，且二楼尤其破烂，门窗缺失。许多古宅院若能加以维护或照看，则不会

风化的石狮

047

被毁坏的影壁

如此破败，但因其是文物，不能任意维修，村民个人没有能力维护，集体又没有足够的资金维护，如此就只能眼睁睁静等它倒塌。

经历沧桑的郭壁古村落，承载着数十代人的生活记忆，用一砖一瓦诠释着中国独有的住宅形式和满怀人文情怀的生活状态。面对富含如此浓厚历史文化价值的古村落，怎能任由它就这么一直破败下去呢？置身于郭壁古村，既为其辉煌的历史所震撼，又为今日其文物保护力度不足而惋惜。增强保护意识，处理好古村落保护与现代化、城镇化的冲突，是一个综合工程，既要大力开发其蕴含的历史文化价值、旅游价值，又要严格遵守文物建筑、历史建筑以及传统风貌建筑的修缮限制原则，尽可能真实完整地保存建筑的历史原貌和特色，在维修过程中要以本建筑现有传统做法为主要的修复手法，对于近代改变原状的做法和工程上的错误做法，都要在维修中予以纠正，恢复原貌。通过各方面的努力，期待能让历史上的"金郭壁"重焕生机。

如今的郭壁古村已经衰落，日进斗金的"金郭壁"更像是一个虚假的名号，但堡墙上的题字、高耸威严的古建筑、"进士第"的匾额、石碑的记载等，都证明那曾是真真切切的存在，就是曾经，就是过去，就是昨天。在了解郭壁的历史之后，身临其境，很容易让人想到当年古村的繁华，或许会冒出想去一览"沁渡秋风"美景的冲动，站在古商业街上也会禁不住遥想当年熙熙攘攘的商旅、门庭若市的进士第曾是何等惹人羡慕，可是如今剩下的只是斑驳的墙壁、散乱的残垣断瓦、毫无生气的高宅大院，星移斗转，沧海桑田，郭壁古村经历了兴与衰。有生有

第一章 郭壁古村的残垣破壁及其精神内核

死是大自然的必然规律,古村落建筑也在这个轮回之中。新的建筑中含有旧建筑的因子,是对旧建筑的继承与发扬,从此意义上说古村落建筑不属于某个时代的过去时,而是一种对历史延续的现在进行时。古村落不会是某个时代风格一致、一成不变的古建筑群,而是斑驳且丰富地呈现着它动态变迁的历史进程,它的历史不是凝固的、平面的,而是动态的、立体的。

斯物已逝,来者犹可追。现在能做的,除了用相机定格古村落建筑留下的曾经的风华乃至历史遗存的痕迹之外,除了加大保护力度尽量保持古村落建筑的原貌之外,更应抓住古村落的内涵、灵魂乃至历史记忆,更要领悟古村落建筑乃至历史遗存所蕴含的历史文化命脉。中国的古村落建筑是体现中国人本质和内涵修养的外在表征之一,中国人向来含蓄内敛,谦谦君子,万事讲求过犹不及,中国的古村落建筑也同样是含蓄谦和、不温不火,不张扬却沉淀了岁月的时光,彰显着村民的生活理念,记载着村民生活之中的点点回忆。古村落建筑并非仅仅是没有内涵、没有感情的冷冰冰的一座座砖、石、木的组合体,而是村民生产生活的载体,是"家",是社会构成最基本的单位,是人们内心最安静的港湾,是最原始的依赖,是心心念念叶落归根的一方净土。在郭壁人眼里,被视为有文物价值的古村落建筑,他们更认为是"××的家"。中国的人际关系就像著名社会学家费孝通所言,它不同于西方捆柴式的关系,一捆一捆很独立清楚,而是像把石头丢在水面上泛起的波纹,所在的圈子不一定是一个固定的圈子,但是它的中心永远是自己的那个家。这就是中国人崇尚的"归属感",就像落叶归根一样,人们不管走多远,家永远都是一种牵挂、一个依靠。家永远都是身在异乡为异客的人魂牵梦绕的故乡,是定心丸。对一个中国人而言,不论身在何方,家就像是风筝线的另一端,那是一种念想。因为有家,才有乡愁,可能乡愁不单单是说自己与亲人之间,也可以是充满着点点记忆的乡土,思乡之情指引着乡愁的吟咏。行走在郭壁古村沉淀着历史底蕴的街巷中,触摸

着那高不可攀充满历史沉重感的墙壁，站在残垣断瓦、杂草丛生的四合院中，感受到的是浓浓的乡愁、对历史的追忆，还有些许无可奈何花落去的惆怅。

第二章　王家大院的三雕图案及其文化内涵

广义的王家大院，包括红门堡（恒贞堡）、高家崖（视履堡）、西堡子（崇宁堡）、东南堡（和义堡）和下南堡（拱极堡），位于山西晋中灵石县城东12公里处的中国历史文化名镇——静升镇，由历史上灵石县四大家族之一的静升王氏后裔，于康熙、雍正、乾隆、嘉庆年间所建，共建起总面积达15万平方米的庞大建筑群。大院整体由堡门、堡墙、前院、中院、后院组成四道封闭圈，基本沿袭了西周以来形成的前堂后室多重庭院的建制，被誉为"华夏民居第一宅"。

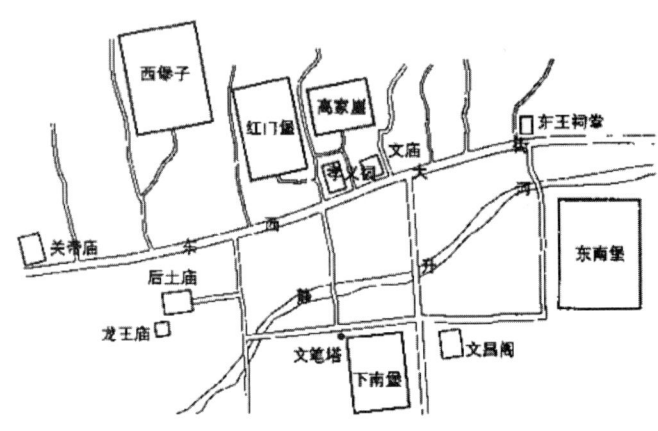

王家大院各堡的相对位置（引自王金平主编《山右匠作辑录》）

现在对外开放的两处大院依沟为界，共占地4.5万平方米，西边为红门堡（俗称西堡院），东边为高家崖（俗称东堡院），是狭义上的王家大院。红门堡建于清乾隆四年至乾隆五十八年间（1739—1793），占地面积2.5万平方米，东西宽139米，南北长180米，共有88座院落、776间房屋，以中间主干道为轴心贯穿三条横巷，形成了一个硕大的"王"字形。各院落都是四合院，但大小不一、功能不同，其中主体建筑在南端西侧。东堡院由王氏十七世孙王汝聪、王汝成兄弟建于嘉庆初年至嘉庆十六年间（约1796—1811），主体建筑之一是老大王汝聪的敦厚宅。王汝聪虽然仅是从七品，但由于出身豪门富贵人家，所以大门依然气派非凡。而老二王汝成的凝瑞居，却因为主人拥有五品头衔，又继承了祖父王梦简中宪大夫的正四品衣钵，所以府第大门规格更高。高家崖占地19572平方米，35座院落共有房屋342间，并列六路，中间三路为主院，西面两路分别为桂

第二章 王家大院的三雕图案及其文化内涵

馨书院和花园，东面一路为厨房。王家大院123座院落一律是方正端庄的三进四合院，既构成一个大的整体又作为一个个单元而独立存在，但单元之间又有门道相通，前后左右竟达65道之多，偶然进入难免摸不着门路，如入迷宫。每个四合院都采取南北中轴线、左右对称、主次分明等

王家大院局部

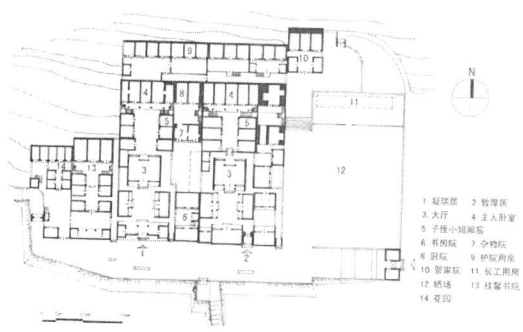

王家大院高家崖平面示意图（引自王金平、徐强、韩卫成《山西民居》）

王家大院红门堡平面示意图（引自王金平、徐强、韩卫成《山西民居》）

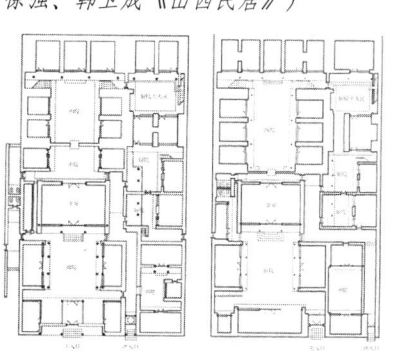

高家崖凝瑞居（左侧）及敦厚宅（右侧）示意图（引自山西省建设厅编《山西古村镇》）

一整套汉族传统的建筑布局章法，形成了前低后高、有主有次的布局，反映了中国封建社会大家族"以礼为本"的建筑环境秩序。

作为一处4A级旅游景区，王家大院有太多可供观赏之处，其中尤以木雕、石雕、砖雕图案最具吸引力、内涵最为深厚、最能体现文化修养。王家大院雕刻精湛的三雕装饰图案题材多样、内容丰富，将许多典故传说、奇珍异兽、人物花草等内容，以世俗观念认可的各种谐音、隐喻、象征等手法表现出来，不仅反映了院落主人的身份、爱好、思想追求，也蕴含着中国传统文化的内涵。对于普通大众来说，要想看懂王家大院的三雕图案、明白雕刻的是什么内容、了解图案蕴含的中国传统思想文化，是有一定难度的，所以非常有必要对王家大院的代表性三雕图案按照木雕、石雕、砖雕的雕刻质地分别加以解说，以期普通大众按照木、石、砖的质地按图索骥查找解说内容，从而增强旅游的体验性、获得感，增加旅游的乐趣，一定程度上避免"没什么意思""外行看热闹"的表层体验，而达到"内行看门道"的效果。

一、木雕图案

王家大院的木雕具有典型的清代木刻特点，品类繁多，题材各异，常见于门户、匾额、廊檐、翼拱、挂落、雀替、窗棂、屏风、抱头梁、穿插枋等建筑构件上，整体和谐，局部细腻，有的还施以彩绘，使建筑被渲染得绚丽多彩、富丽堂皇。各部位构件，因为其形态、位置及与人的接受视域高低远近的差异，雕刻内容、题材及所用技法、材料均有所不同。一般而言，房屋梁架等高远之处，大多采用通雕法，外观表现简朴粗狂、敦厚沉穆；门窗等处则常用浮雕或镂雕，尽显精妍细丽，适合近观；明间檐枋，因处于入口最主要部位和观者主要或中心视域，均予以重点关照，常以圆雕和透镂雕为主。总体来看，王家大院的木雕手法有浮雕、圆雕、镂空雕等，尤其多用透雕法，雕刻品造型美观、样式独

第二章 王家大院的三雕图案及其文化内涵

特、刀法细腻、寓意吉祥,达到了为大院建筑锦上添花的效果。

(一)帘架处的木雕图案

帘架,顾名思义,就是挂门帘的架子,指的是在能开启的那两扇隔扇门外侧所贴附的门框。门框上可以雕刻各类图案,与门窗上的图案相呼应,增加整体建筑的美感,反映宅院主人的文化品位。

十鹿图帘架:位于敦厚宅。图案主体雕刻十头鹿或立或卧,或奔或逐,或翘首而鸣,或回眸顾盼,神态活灵活现,无一雷同。画面以松树等植物为背景。"鹿"谐音"禄",该图案反映出宅院主人对于官禄的追求。

十鹿图帘架

封侯挂印帘架:位于红门堡德馨轩。图中一猴上树挂印,另有一猴正在捅蜂窝,背景是桂树。借用"猴"与"侯"的谐音,取封侯之意,再加上蜂窝与官印,一起表达了封侯挂印的寓意。《礼记·王制》载"王者之制禄爵:公侯伯子男,凡五等",其中侯在五等之中排列第二位。人们希望加官封侯,世袭福禄,于是给猴赋予了一种吉祥、富贵的象征意味。

封侯挂印帘架

三阳开泰帘架

三阳开泰帘架:位于红门堡德馨轩。图中三羊,一卧两立,相互照应,背景以松竹修饰,正中一轮红日高挂。"羊"与"阳"同音,羊即为阳,也为"祥"的谐音,古代宫廷中小车多称羊车,即取其吉祥意。"泰"是卦名,乾下坤上,天地交而万物通,开泰即开运。三羊加红日,寓意三羊开泰,即三阳开泰,"三阳"指早阳、正阳、晚阳。朝阳启明，其台光莹；太阳中天，其台宣朗；夕阳返照，其台腾射，都有勃勃生机之意。

八骏帘架：位于红门堡缥缃居。图中八匹骏马身姿矫健，意气风发。最早的八骏吉祥图是"周王八骏图"。据《穆天子传》记载，八骏图中的八匹马据传是周穆王御驾坐骑，即"王驭八龙之骏"，从毛色可分为赤骥、盗骊、白义、踰轮、山子、渠黄、华骝、绿耳。由于缥缃居是王筵宾的宅院，他因仕途不顺退出官场设帐授徒，其门人多有中举人、进士者，故而此图更是暗喻人才济济。

八骏帘架

五福捧寿帘架

五福捧寿帘架：位于红门堡树德院。雕刻五只蝙蝠围着寿字，两旁是石榴。蝙蝠围着寿字，寓意多福多寿，习称"五福捧寿"。《尚书·洪范》载："五福：一曰寿，二曰富，三曰康宁，四曰攸好德，五曰考终命。""攸好德"即"所好者德"，"考终命"即善终、寿终正寝。石榴一果多籽，民间借以喻多子，取其子孙繁衍、绵延不断之吉祥寓意。

授禄帘架：位于敦厚宅敬业堂。图案主体为一头戴官帽之人左手持笏板，右手举一官帽正要授予一士人，士人春风得意，双手作接帽状，其身前一鹿回首望向士人，意指士人入仕做官。背景为松竹梅图案。

双龙捧寿帘架：位于凝瑞居。图案中心雕刻一寿字，两旁各雕一龙，其中右侧龙首缺失，周围祥云萦绕。缥缃居也有一幅类似的帘架，都表达了宅院主人对长命百岁的期盼。图案下方雕有琴棋书画，反映了宅院主

第二章　王家大院的三雕图案及其文化内涵

人的文化追求。

鹭鸶莲花帘架：位于凝瑞居。图中雕刻两只鹭鸶，背景是莲花。鹭鸶取"路"的谐音，将莲花和鹭鸶组合在一起取它们的谐音表达"路路清廉"的象征意义。由于凝瑞居是布政司理问王汝成的居所，王汝成应是以此提醒自己做官要正直清廉。

三星高照帘架：位于红门堡缥缃居。图案以三个人物为主：中间人物双手作揖似乎抱着什么东西；右边人物额头高凸，侧身面向中间人物；左边人物怀抱一婴儿，旁边一头鹿扭头望向他，而他则侧身面向中间人物。图案最外侧左右各有一侍者。由于"鹿"谐音"禄"，高额头是寿星的标志，所以此图案反映的应是福禄寿三星。三星原指明亮而接近的三颗星，后来演绎为福星、禄星、寿星三位神仙。福，寓意五福临门；禄，寓意高官厚禄；寿，寓意长命百岁。一般

授禄帘架

双龙捧寿帘架

鹭鸶莲花帘架

三星高照帘架

而言，福星，是天官赐福，也附会为吏部天官模样，穿朝袍，蹬高靴，五缕长髯，肤白面善，手展"天官赐福"诰封，招财童子趋前，利市仙官分列，一派喜庆之气。禄星则是一副员外郎模样，披巾簪花，手持羽

扇。由于世人附会禄星是送子仙人，所以其多被塑造为怀抱婴儿者。寿星的大脑门是其显著特征。民谚云："三星高照，新年来到。"俗语说："人间福禄寿，天上三吉星。"

生吉帘架

生吉帘架：位于红门堡缥缃居。图中主体中央是插在瓶中的戟，两旁对称各有一支笙和一只公鸡。"戟"和"鸡"寓意"吉"，"笙"同"生"，图案寓意为生吉，吉祥不断。图案四周是暗八仙，即扇子、渔鼓、花篮、葫芦、阴阳板、宝剑、笛子、荷花，八个一组，成套出现。暗八仙是八仙的法器，虽然它们往往成套出现，具有镇邪的功能，同时寓意吉祥，但是这些法器各自依然有单独的表意：渔鼓能占卜人生，宝剑可镇邪驱魔，笛子可使万物滋生，荷花能修身养性，葫芦可救济众生，扇子能起死回生，阴阳板可净化环境，花篮能广通神明。

麻姑献寿帘架：位于红门堡绿门院。图中雕刻麻姑手捧寿桃，脚踏祥云，背后一鹿驮物，一般认为是酒坛，旁边一女童举长柄雉尾仪仗扇为其障风遮日。麻姑的来历，较为普遍的说法是东汉时仙人王方平的妹妹，据东晋葛洪《神仙传》及唐颜真卿《麻姑仙坛记》载：麻姑年十八九岁，顶上作髻，余发垂腰，穿的衣服不是锦缎，但光彩耀目，非

麻姑献寿帘架

世间所有。她有两大本事：一是能穿着木屐在水面上行走；二是能掷米成丹砂，洒水成珠。麻姑曾自言她已经见过东海三次变为桑田，沧海变桑田不知要经过几千万年，而麻姑却已见过三次，可以想见她有多么长寿。《麻姑献寿》故事源出

第二章 王家大院的三雕图案及其文化内涵

东晋葛洪《神仙传》："麻姑，建昌人，修道于牟州东南余姑山。三月三日西王母寿辰，麻姑在绛珠河畔以灵芝酿酒，为王母祝寿。"王母大喜，封麻姑为虚寂冲应真人。麻姑既是仙女，又有献寿之举，后世民俗遂将麻姑与祝寿相联系。

状元游街帘架：位于红门堡绿门院。其主体雕一状元郎骑在马上，左袖后摆显得意气风发，右手举着撑开的状元伞，其前一童子牵马，其后一童子肩扛一朵牡丹，正要进入家门。背景以富贵牡丹修饰，其间庭院内有一雄鸡报晓、一喜鹊报喜。整个画面表现了状元游街的场景。状元游街，是指皇帝在金銮殿传胪唱名，钦点状元、榜眼、探花和进士，状元领诸进士拜谢皇恩

状元游街帘架

平遥古城状元游街砖雕

后，到长安左门外观看张贴金榜及回家的过程。平遥古城有一处砖雕状元游街，画面更直观地表现了状元游街的盛况，但在表达状元意气风发的神态上还是以王家大院此幅木雕图案为胜。两者都表达了对学而优则仕的向往。

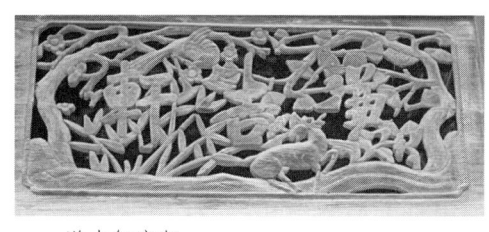
谦吉轩帘架

谦吉轩帘架：位于凝瑞居。帘架背景是松竹梅图案，"谦吉轩"三字及鹿、喜鹊图像融于其中。《易·谦卦》载"谦谦君子，卑以自牧也"，意为谦虚而

严于律己。"谦吉"意指谦虚谨慎即能一生大吉；喜鹊站在梅枝上，意指"喜上眉梢"；"鹿"谐音"禄"。

童子夺印帘架

胡人献宝帘架

童子夺印帘架：位于谦吉居。图案主体中间一人站在桥上左手高举官印，桥两边各有一童子作前扑抢夺官印状。图案以梧桐、松树为背景，点缀着蜂窝、仙鹤、鹿，寓意夺魁、封官、得禄、吉祥等。

胡人献宝帘架：位于敦厚宅。图中八位胡人身穿异服穿行于山石树木之间，深目大鼻，络腮胡子，身穿窄袖小衣，衣袖紧箍于臂，着靴，高筒至膝，都属胡人装束，手捧犀角、珊瑚等中土稀有之物，神情欢悦，憨态可掬。

（二）窗棂处的木雕图案

百福图窗棂：位于桂馨书院。其两边是长方形窗，以"万字不到头纹"装饰，中央四框的上面两框各嵌一扇形空格，下面两框各嵌一六角形空格，四框以蝴蝶图案连接，而"蝴"谐音为"福"。

百福图窗棂

鲤鱼跃龙门窗棂：位于红门堡。其雕有一似小庙的门，门窗俱全，门且半开，中央一鱼跃起，二鱼随后，水纹刻画流畅，给人以汹涌澎湃、排山倒海之感。敦厚宅后院楼梯望柱上所雕鲤鱼跃龙门石雕与此图案大致类似,明显的差异在于其直接刻有"龙门"两字,点明了"跃龙门"之寓意。静升文庙外元代镂刻一鱼跃龙门影壁高7米、宽10余米,中心部位雕龙门,上盘踞二龙,见首不见尾。其中一龙张口喷水直泻龙门;下有一鱼,腾跃而上,头已成龙;周围七条鱼,分列两边,逐波追浪,跃跃欲试。当鱼作为求仕吉祥物时常特指鲤鱼,故而图案反映的应是"鲤鱼跃龙门"的传

鲤鱼跃龙门石雕

鲤鱼跃龙门影壁

说。据《太平广记》引《三秦记》载:"龙门山,在河东界,禹凿山断门一里余,黄河自中流下,两岸不通车马。每暮春之际,有黄鲤鱼逆流而上,得者便化为龙。又林登云:'龙门之下,每岁季春有黄鲤鱼自海及诸川争来赴之。一岁中,登龙门者不过七十二。初登龙门,即有云雨随之,天火自后烧其尾,乃化为龙矣。'"因此鱼跃龙门为仕途得意、飞黄腾达的祝福语。

传统文化中,鱼还常常被用于婚姻,为夫妇和合、子孙繁衍的象征物。鱼这一吉祥寓意的获得,基于其本身的特性:形似女阴,腹内多子,鱼水交欢,繁殖力极强等。闻一多在《说鱼》中指出:"鱼是匹偶的隐语,打鱼、钓鱼等行为是求偶的隐语。"山西民谚"鱼穿莲,十七十八儿女全",用直白的语言表达了期盼早得贵子或夫妻和谐的内涵。

鱼穿莲石雕

三星高照窗棂:位于桂馨书院。此窗棂呈竖向长方形,由两部分组成。上方以三环、祥云扣装饰。下部为主要雕刻区,构图为三段:上部以牡丹树和桂树为背景;中部雕刻一怀抱如意、留有长髯的天官,其左

三星高照窗棂

侧雕一头戴披巾、留有长髯、手抚一幼童头顶的员外郎形象，其右侧则雕有脑门突出、留有长髯、右手拿竹杖、左手拿桃子的寿星，同时有一幼童正伸手抢桃子；下部为山石仙桥。此为以绘画手法雕刻的三星高照。福禄寿三星人物形象占据画面约三分之二的面积，人物中间高、两侧低，组成稳定的三角形构图样式，中间的福星人物为正面，手执如意，左侧为寿星，以四分之三右向角度塑造形象，右手执杖，左手捧一桃子，下方争夺桃子的幼童形象巧妙地连接在两个人物形象之间，既让人物的关系形成联系，又在结构上更为稳定，右侧的禄星形象为四分之三左向角度塑造，这样的人物布局视觉效果紧凑，福禄寿三星形象和山石仙桥浑然一体，形成视觉的焦点。作为背景的牡丹树、桂树和祥云，则以透雕的线性特征为主，二者形成疏密有致的对比。

双喜窗棂：位于桂馨书院。窗棂中心雕一"囍"字，以蝙蝠、灵芝图案装饰。"囍"字据传与王安石有关。当年王安石进京赶考，途经马家镇，见天色已晚，便决定留宿镇上。饭后闲来无事，遂上街闲逛，见一大户人家的宅院外面挂着一盏走马灯，灯光闪烁，分外耀眼。王安石走近一看，只见灯上写着"走马灯，灯马走，灯熄马停步"，这是半副对联，显然在等人对出下联。王安石不由得拍手连称"好对，好对"，站在门旁的管家马上进去禀告宅院的主人马员外，但出来时，已不见王安石踪影。第二天，王安石进了考场，答题时才思敏捷，第一个交了。主考官见他聪明机敏，便传其面试。考官指着厅前飞虎旗曰："飞虎旗，旗虎飞，旗卷虎身藏。"王安石立刻想起了马员外家走马灯上的那半副对联，信口应答"走马灯，灯马走，灯熄马停步"，对得工整绝妙，主考官赞叹不已。考试结束，王安石回到马家镇，想起走马灯对他的帮助，信步走到马员外家观灯。管家一眼认出他就是前几天称赞

第二章 王家大院的三雕图案及其文化内涵

对联的那位相公，执意请他进宅院。落座后，马员外便请王安石对对联，王安石随手把主考官出的对联写出："飞虎旗，旗虎飞，旗卷虎身藏。"马员外连声称妙，当场提出把女儿许配给他，并择吉日在马府成婚。原来，走马灯上的半副对联，乃是马小姐为选婿而出的。结婚那天，马府上上下下喜气洋洋。正当新郎新娘拜天地时，有人来报："王大人金榜题名，明日请赴琼林宴！"真是喜上加喜，马员外大喜过望，当即重开酒宴。面对双喜临门，王安石带着三

双喜窗棂

分醉意，挥毫在红纸上写了一个大大的"囍"字，让人贴在门上，并随口吟道："巧对联成双喜歌，马灯飞虎结丝罗。"后来，"囍"字有了好事成双的含意，在结婚庆典中使用尤多。

（三）翼拱处的木雕图案

翼拱是古建筑斗拱的变化形，它不具备原始斗拱的结构作用，主要起装饰的作用，因形状如斗拱而得名。

名物翼拱：敦厚宅有两处比较具有代表性的名物翼拱图案。其一，雕刻有瓶花、印章、笔筒、水盂等，属于文玩清供类名物。瓶花为月季，侧立一鸟；印章上有蹲兽印纽；方形笔筒内插有笔尺；水盂为圆形。水盂又称水丞、砚滴、水注，乃笔、墨、纸、砚之外的第五宝，用盂盛水，作染墨濡笔之用。其二，为瓶、鼎、彝、尊等青铜重器，属于礼器及饮食起居所用器物。由于这些器物具有区分尊卑贵贱的功能，是权力、身份的象征，用在此处表明户主是有身份地位的人。爵是古代一种饮酒器，多用青铜铸制，腹圆，前有倾酒用的流，后有尾，旁有鋬，

文玩清供类名物翼拱

瓶鼎彝尊类名物翼拱

天马行空翼拱

即把手，口上有二柱，三足高尖。后世爵的含义更多是指爵位，是社会地位高低和享受物质利益多少的标志。从商到清，封爵制度一直延续不衰，爵为吉祥物也主要基于此。鼎是古代一种炊具，形制一般是空腹容器，靠近底部的外侧有三条腿，以便直立，在三条腿之间可架柴烧火、烹煮食物，口沿上有对称的两只耳，便于提起、搬运。后来，随着奴隶主礼乐教化制度的加强，鼎成为权力和地位的象征，成为镇国之宝、传国重器，九鼎是天下的象征。因此鼎自然成为国家和贵族的神器，"鼎祚""鼎运"成为"国祚""国运"的代名词。

天马行空翼拱：两匹骏马以龙形翼拱头为轴左右对称，其上祥云朵朵。在中国传统的十二生肖中，马排名第七位。在十二地支中，马属午，正是万物欣欣向荣、充满生机的时刻，每当此时，马便四处奔跑嘶鸣，所以又称"午马"。马在中华民族传统文化中地位极高，具有一系列象征和寓意，是炎黄子孙的化身，代表了华夏民族的主体精神和最高道德。在祖先们的世界观里，已经把龙马等同于纯阳的乾，《周易》中说"乾为马"，马成了刚健、明亮、热烈、高昂、升腾、饱满、昌盛的代名词。由于《周易》的演绎，马的形象便脱离具体形态而提升为一种抽象精神，是天的象征，又代表着君王、父亲、敬畏、威严、健康、生生不息等含意。现实中，由于其豪放不羁、

第二章 王家大院的三雕图案及其文化内涵

强健不息的气质特点,再加上战场上的勇武气势,马便成了古代文人士大夫抒发豪情壮志的寄托。骏马脚踏祥云、身姿矫健,还寓意学业有成、飞黄腾达。

(四)挂落处的木雕图案

挂落是中国传统建筑中额枋下的一种构件,常用镂空的木格或雕花板做成,也可由细小的木条搭接而成,用作装饰或同时划分室内空间。挂落在建筑中被作为装饰的重点,常做透雕或彩绘。在建筑外廊中,挂落与栏杆从外立面上看位于同一层面,并且纹样相近,有着上下呼应的装饰作用,而自建筑中向外观望,则在屋檐、地面和廊柱组成的景物图框中。挂落有如装饰花边,使图画空阔的上部产生了变化,出现了层次,具有很强的装饰效果。

博古图挂落:位于敦厚宅。图案器皿多为三代青铜器,有钟鸣鼎食之意,又以花卉、果品作为点缀。整幅图案可称为"博古图"。"博古图"名称来自《宣和博古图》,著录当时皇室在宣和殿所藏的自商至唐的青铜器八百余件,

博古图挂落

集中了宋廷所藏青铜器的精华。后来"博古图"被赋予了博古通今、崇尚儒雅的寓意,常用于书香门第或官宦人家的宅第装饰。博古器物常常以博古架的形式将松散的各式器物进行构图,有花瓶、书卷、宝鼎、香炉、酒具、扇子、宝剑等,都含有吉祥和镇邪的寓意。

满床笏挂落:位于红门堡绿门院。其正中雕刻一桌,上面放满笏板,其右有一桌,桌正面坐一人,即唐代汾阳郡王郭子仪,桌子侧面亦坐一戴官帽者,另有七个穿官服者分布其间,人物之间以鼎炉斛觚等杂宝分隔。整个画面表现的是"满床笏"的典故。"床"在古代指供人坐卧的器物,并非现在用来睡觉的床。笏板为朝官的一种用具,是大臣朝

满床笏挂落

见天子时手捧的一块狭长的板子,中间略弯曲,也叫朝笏、朝板、手板。最初,天子、诸侯、卿大夫、士在朝会时手中都执笏板用来记事,以备遗忘。后世只有品官才可执笏,成了官阶的标志。据《因话录》记载,"满床笏"的故事大意是说唐代汾阳王郭子仪过六十大寿时,七子八婿都来祝寿,由于他们都是朝廷高官,手中都有笏板,拜寿时把笏板放满床头。虽然"满床笏"这一典故多指郭子仪事,但其最早源出《旧唐书·崔义玄传》:"开元中,神庆子琳等皆至大官,群从数十人,趋奏省闼。每岁时家宴,组珮辉映,以一榻置笏,重叠于其上。""满床笏"这一典故被用来借喻家门福禄昌盛、富贵寿考,寄托了主人希望福禄昌盛、子孙世代为官的美好愿望。

莲花童子挂落:位于凝瑞居。此挂落整体为一组莲花形象,花头一仰一俯,呈二方连续样式,花头之间以缠枝花叶相连。莲花之间藏有童子,以中间

莲花童子挂落

抱桂坐在莲花上的童子为中心,其左右对称各有两名站在莲叶上分别抱莲、抱笙的童子。此挂落精细的雕刻手法不落俗套,花、叶、茎造型精美,花头部位构图饱满,半立体雕刻和线刻交替反复、层次细腻,茎与叶的部位留出足够的底,使挂落的图形展现出完美的节奏韵律感。由于民间文化中"莲"音同"连",所以此挂落把莲叶与童子组合在一起有"连生贵子"之意,表达了对子孙满堂的渴望。此外,此图案也容易让人想到佛教的化生童子。化生是佛教常用术语,是往生西方极乐世界的重要方式,即指亡者从西方极乐世界的七宝池、八功德水中的莲花中化生出世。往生极乐世界的众生分为九品,即常说的九品往生,其由前生

第二章 王家大院的三雕图案及其文化内涵

修行的业力而定。在莲花中有一些或站或坐的童子，即化生童子；若为菩萨，则称之为化生菩萨。化生童子和化生菩萨中，有许多抱持乐器的形象，则又可以合称为化生乐伎。

三星高照挂落：位于红门堡德馨轩。中间为福禄寿三星，两侧分立八仙。八仙是民间广为流传的道教八位神仙。八仙之名，明代以前众说不一。至明代吴元泰《八仙出处东游记》开始定

三星高照挂落

为铁拐李、汉钟离、张果老、蓝采和、何仙姑、吕洞宾、韩湘子、曹国舅，代表着男、女、老、少、富、贵、贫、贱。所持法器为阴阳板、扇子、渔鼓、横笛、葫芦、宝剑、花篮、荷花，合称"八宝"。八仙中最为著名的是吕洞宾。吕洞宾在八仙中排行虽不是老大，但在民间对其却有广泛的信仰，与观世音、关帝同为影响最大的三位神明。汉钟离等七仙的寺庙寥寥无几，而吕洞宾的吕祖阁、吕祖庙成千上万，遍布各地。吕洞宾在人们心目中是最有人情味的神仙，有些道观还假托其名，以一些"吕祖药方"给人治病。吕洞宾在历史上确有其人，他是唐末、五代的著名道士，姓吕，名岩，号纯阳子。据《列仙全传》载，吕洞宾两举进士不第，年六十四，浪迹江湖，遇汉钟离求度世之术。汉钟离十试吕洞宾，皆无心动，于是带他到终南山鹤岭，传上清秘诀。吕洞宾得道之后，游江淮、试灵剑、除蛟害，隐显变化四百余年，人莫识之。又传说他遇火龙真人，得到天遁剑法，他的剑术一断烦恼、二断色欲、三断贪嗔。民间传说其身高八尺二寸，淡黄皮，三绺髭须，顶着华阳巾，穿着

谦吉居八仙图

白长衫，常佩一宝剑，"浮沉浊世，行化度人"。

由上可见，王家大院的挂落以其独特完美的图形和雕刻技艺，为观赏者展现出一幅幅动人的画卷，其中挂落部位的装饰是王家大院的一个特点。挂落部位的雕刻题材与宅院主人的期望和理想有着千丝万缕的联系，或花卉鸟雀、或卷草龙凤、或人物，工艺主要为镂空雕等。王家大院的窗棂是其重点装饰的部位之一，其结构首先是满足贴窗纸或安装玻璃的需求。窗棂的分割除有传统的方格、回文格、万字格、柳条形外，还有当时具有创新意义的绘画表现手法，其雕饰内容多为岁寒三友、子孙万代、福寿绵长一类民俗中常用的吉祥图案组合。王家大院的翼拱大多为镂空雕刻，并施以彩绘，外形如鸟翼呈凌空飞翔状，将厚重的砖瓦建筑衬托得仿佛人间仙境，使人浮想联翩，成为王家大院一道亮丽的风景。在表现内容上有四季花卉翼拱、文玩清供翼拱、瓶鼎彝尊翼拱等，在外形上有方形、曲线形和任意形等。翼拱的左右形态以对称形为主，有的形态对称但内容有别。

总之，王家大院古民居木雕涉及面广，除了在梁架上做的雕刻较少外，在建筑的转折环节、连接部位、突出部位的雕刻均极为丰富，如帘架、窗棂、翼拱、挂落等，主要采用浮雕、镂空雕、线雕等技艺。对结构部件的美化加工，有的采用纯雕饰的部件，还有些是雕与画一体，风格上具有典型的北方特色，有的比较粗犷、平民化，有的细腻丰富、多样化，均具亲和力。王家大院木雕题材丰富，既有复杂的人物故事、神仙传说，也有几何纹、福禄寿喜、山水花卉、飞禽走兽等，手法上讲究繁简对比，或对称、或均衡，有传统的图案样式，也有当时画家们提倡的以画作雕的新手法。祈福类图案是传统木雕中表现最多的，其题材和内容都是民间广泛流传、约定俗成和喜闻乐见的母题，其元素和样式组合也存在一定的程式和范式规律，其中蕴含了民间百姓对美好生活的憧憬和向往，表达了他们内心的理想和期盼。也正是因为有了这样的理想和期盼，才能使之面对生活乐而不怨。解析、梳理这些程式和范式构

第二章　王家大院的三雕图案及其文化内涵

成，可以明晰地掌握、理解传统图案、纹样丰富的表现手法。这些多样而异彩纷呈、各具特色的表现思路和手法，既有以谐音、寓意、比拟等手法为主的，也有从文字领域发掘、拓展的，更有以象征手法为优长的。

二、石雕图案

王家大院的石雕涉及几乎所有石质的建筑部位，如拴马桩、上马石、门墩、抱鼓石、墙基石、望柱、柱础、栏杆、踏跺等处，其材质主要以青石为主，质地坚硬而细腻。王家大院石雕造型理念是整个家族意识与个体意识相互统一而产生的，在王氏家族世俗活动与思想情感的引导下，大院石雕形象已经与现实生活中的原型产生了许多差别。借助家族文化的传承，石雕造型成为王家人约定俗成的代表符号，他们将自己对世俗生活的感受借用体积较小的石雕表现出来。这些石雕虽然个体非常小，甚至有些如果欣赏者不注意都很容易将其忽略，但是它们却是一种实实在在能代表某种特定文化涵义的符号。

（一）门墩处的石雕图案

福寿门墩：位于敦厚宅。其托住门扇转轴的门墩图案为两枚桃子之上俯卧一蝙蝠。桃子寓意长寿，"蝠"谐音"福"，整体寓意福寿安康。

三狮门墩：位于桂馨书院。一头成年狮子、两头幼狮，皆呈俯卧状。"狮"谐音"师"。"师"与官衔有关，通常来说，太师、太傅、太保为"三公"，是正一品衔；太子太师、太子太傅、太子太保为"三师"，是从一品衔；少

福寿门墩

　　三狮门墩　　　　　　　　石狮门墩

师、少傅、少保为"三孤"，是从一品衔；太子少师、太子少傅、太子少保为"三少"，是正二品。雕刻大狮子（太师，"太"即"大"）、小狮子（少师，"少"即"小"）就是借指官运亨通，代代高官。敬业堂大门两侧各有一石狮门墩，张嘴扬颈，四爪强劲有力，头披卷毛，神态威猛，造型栩栩如生。门左侧雄狮雕成右前爪玩弄绣球，门右侧雌狮雕成左前爪抚摸幼狮。左雄右雌符合中国传统男左女右的阴阳哲学。

　　老鼠葡萄门墩：位于敦厚宅。其雕刻了一只老鼠嘴里衔着一串葡萄。鼠在十二时辰中为子，且老鼠生育能力强、繁殖迅速。此外，民间传言，蝙蝠是老鼠偷油吃以后变来的。蝙蝠与老鼠在某些地方有相似处：蝙蝠和老鼠身上都有短毛，都有一张尖嘴，嘴里有细牙，都有一对小眼睛和一对能竖立的耳朵，都会发出"吱吱"的叫

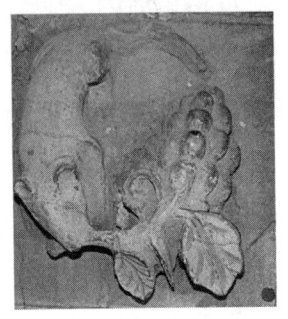

老鼠葡萄门墩

声，都喜欢在夜里出来活动。当人们在黑夜里听到"吱吱"声时，以为是老鼠，看到的却是蝙蝠，远看两者确有些相似，就误以为蝙蝠是由老鼠变来的。如此老鼠也就具有蝙蝠的寓意，即"福"。葡萄多核，果实堆叠繁密，成串葡萄含有"多籽（子）"之意。老鼠葡萄暗喻"多子多福"。

　　（二）影壁处的石雕图案

　　四龙护仙桃影壁：位于桂鑫书院。影壁上雕刻首尾相连的四条龙围

第二章 王家大院的三雕图案及其文化内涵

绕着两颗仙桃,龙首雕刻精致、形象,龙身比较抽象,四周饰以祥云纹。龙是"四灵"之一,常用来象征祥瑞,并具有祛邪、避灾、祈福的作用。仙桃代指长寿,《神农经》说:"玉桃服之,长生不死。若不得早服之,临死日服之,其尸毕天地不朽。"此外,据说桃木具有驱鬼辟邪的功能,《典术》载:"桃乃西方之木,五木之精,仙木也。味辛气恶,故能厌伏邪气,制百鬼。"龙、桃的雕刻正好符合了影壁最初为驱鬼而建的初衷。

四龙护仙桃影壁

日出江花影壁

日出江花影壁:观星楼下部雕有一堵影壁图案,中间竖长方形构图主体雕刻的是一轮红日升起在波涛汹涌的江面之上,江面中间是圭形山峰,红日之上祥云萦绕。竖长方形构图两边是一副对联,即"静以修身,俭以养性;入则笃行,出则友贤"。太阳象征着希望、生命、力量、生机等正能量。江面波澜壮阔,气势宏大。太阳从江面上升起,寓意蒸蒸日上、勃勃生机。圭乃古代祭祀、宴飨、丧葬、征伐活动使用之器具,使用规格有严格的等级限制。圭形山石,寓意地位、身份、权力。

(三)墙基石处的石雕图案

凝瑞居后院墙基石上的10幅石雕图案面积基本相同,镶嵌在正窑和厢窑墙基石的外壁墙面上。每块墙基石通高1.35米、宽0.66米,其中心画面高0.96米、宽0.50米,四周的装饰边框为0.09米,画面底部有高

0.32米的须弥座,再往下有高0.06米的底座承托。

飞马报喜石雕

飞马报喜墙基石位于正房最西边和最东边,两幅画中飞马马头相对,遥相呼应,信使均居中部,手提缰绳及马鞭,腰间插有"报旗",双腿夹紧马肚,飞奔向前,脸上露出兴奋的表情。画幅上方或苍松挺立、枝繁叶茂,或梅花绽放、朵朵争香,停立于其间的喜鹊"啾啾"鸣叫、回头张望,喜气洋洋的气氛扑面而来。所不同的是其中一匹快马,前蹄奋起,后腿猛蹬,马尾在飞驰中拖成了一条直线,似乎比马背上的人还要急切。另一匹则马头昂起,直视前方,四蹄在不停地轮换,向前狂奔。其一侧墙基石上雕有一只喜鹊,另一侧墙基石上则雕有两只喜鹊,似乎是说一喜二喜喜事不断、好事连连。

五子登科墙基石位于正房大门的西侧。画面中,五个男童在一株高大葱郁的梧桐树下相互追逐玩耍,梧桐树的树干上系着的丝带正随风飘扬。两个稍大些的男童一左一右为画面的中心,左边的双手高举一长戟,回头观望身旁四童,右边稍大的男童右手牵一小童,左手高擎一带柄铜灯,他的身后又有一小童,左手扯着他的腰带,右胳膊伸展欲夺铜灯,另外那个稍年幼的小童在画面最前方,手中举着如意向其他人挥舞,似乎在炫耀自己的宝贝。"灯"谐音"登",又以灯指魁星,夺灯即夺魁。魁星乃北斗星中的第一星,主宰文运。"戟"谐音

第二章 王家大院的三雕图案及其文化内涵

"级""吉","如意"象征心想事成。梧桐高大挺拔,乃登高之枝,古人常把梧桐和凤凰联系在一起。凤凰是鸟中之王,最喜欢落在梧桐树上,《大雅·生民之什·卷阿》即有"凤凰鸣矣,于彼高冈。梧桐生矣,于彼朝阳"之句,《三国演义》第三十七回有言"凤翱翔于千仞兮,非梧不栖",可见梧桐的高贵。五子登科内容取自《宋史·窦仪传》中窦禹钧的五个儿子相继登科的故事。雕刻此图意在期望子孙个个贤能,早日取得功名光宗耀祖。图案带有吉祥美好的寓意,充满了浓厚的生活气息,也具有较强的艺术感染力。

五子登科石雕

指日高升墙基石位于正房大门边的东侧,描绘了一冠饰彩带的官吏,面带笑意,身着长袍,腰横玉带,踌躇满志地用手高指着天上的太阳。身后两个侍者,均头戴毡帽,右边年纪稍长者留着两撇八字胡须,双手用力撑着丝织大伞,为主人遮阳,伞盖四周边缘的流苏迎风飘扬;左边年轻的小伙子手执缰绳,牵着高头骏马徐徐前行,天空中祥云缭绕,圆圆的太阳正中醒目地刻着一"日"字。"指日"就是"即日",韩愈《送

指日高升石雕

进士刘师服东归》诗曰"还家虽阙短,指日亲晨飧"。"指日高升"意即不日升官,是民间对做官之人最常用的吉祥用语,正如明代程登吉《幼学琼林·文臣》所言:"代天巡狩,赞称巡按;指日高升,预贺官僚。"王家选择这样的题材作为描绘对象,其用意当然是希望自己的后代在官场中能平坦顺畅地步步高升。

麒麟送子墙基石位于东厢楼一层的最北端。麒麟足踏仙石,头颈

麒麟送子石雕

乳姑不怠石雕

高昂，独角朝下，大口阔张，舌头向上卷曲，浑身的鳞片闪闪发光。在它浑圆厚实的背上坐着一小男童，双手握金环，既天真可爱又活泼调皮。老树下一妇人头梳光滑的发髻，一手拿石榴一手持幡，目光慈祥地望着麒麟背上的小孩，背景是一双喜鹊立于枝头。中国神话传说中，麒麟为仁兽，是吉祥的象征，能为人带来子嗣。据东晋王嘉《拾遗记》载，孔子诞生之时，有麒麟吐玉书于其家，上写"水精之子孙，衰周而素王"，意思是说孔子有帝王之德，但却不能为王。这是"麒麟送子"说法的本源。"石榴"寓意多子。此图传达了王家希望降生贵子的心愿。

乳姑不怠墙基石位于东厢楼一层的中部。画面中共有四人，右侧是一位贤惠温柔的少妇和一位老态龙钟的老妇。老妇坐在有高靠背的椅子上，她的头微微向后仰起，上身直立，两腮塌陷，牙齿脱落，年老力衰，已无法进食。少妇紧靠在老妇身边站立，一手解开胸前的衣襟，一手托着乳房正送进年迈的老妇口中。左侧的妇女一手牵着幼童，一手摇着拨浪鼓逗孩子玩耍，吸引着他的注意力。天真的小男孩手舞足蹈，只顾玩耍，并没有去妨碍少妇哺乳。下方的台阶中央一猫一蝶追逐嬉戏，"猫"谐音"耄"、"蝶"谐音"耋"，"耄耋"意为老年人。雕花的栏杆之外一株花朵盛开的玉兰树，香远益清。此图表现的是《二十四孝》之"乳姑不怠"的情节。故事大意为：崔南山的曾祖母长孙夫人年事已高，牙

第二章　王家大院的三雕图案及其文化内涵

齿脱落，祖母唐夫人十分孝顺，每天盥洗后，都上堂用自己的乳汁喂养婆婆，如此数年，长孙夫人不再吃其他饭食，身体依然健康。长孙夫人病重时，将全家大小召集在一起，说："我无以报答新妇（指唐夫人）之恩，但愿新妇的子孙也像她孝敬我一样孝敬她。"后来崔南山做了高官，果然如长孙夫人所嘱，孝敬祖母唐夫人。此图表现的主题是孝道，突出的是和谐的婆媳关系。中国传统文化的核心在于忠孝人伦，忠孝作为中国人的传统美德被代代相承，是千百年来中国社会维系家庭关系的道德准则。

仙鸡送子墙基石位于东厢楼一层最南端。仙鸡昂头挺胸，双腿直立，孔雀般的翎毛在尾巴处弯曲成圆弧形，背上有一憨态可掬的幼童左手拿如意、右手持花，其后有一举幡妇人。背景是松树上立一喜鹊。鸡，古称"德禽"，谐音"吉"，不管是在树上打鸣，还是伫立在大石上昂首挺胸的雄鸡，都是典型的吉祥图案。相传古时候有一个樵夫，与妻结婚十年尚无孩子，夫妻俩都忧心如焚。忽一日，一对仙鸡给他托梦，说王母娘娘派它们下凡，只要樵夫妻子吃了鸡肉，就会怀孕生育。第二天，樵夫在山上果然看到了天空中飞来的一对五彩缤纷、羽毛丰满的仙鸡。樵夫回到家正要杀鸡，

仙鸡送子石雕

两只鸡却各叫三声，倒地而亡，一团雾由口中吐出，升上天空消失了。樵夫妻子吃了鸡肉，不久就有喜了，生下了龙凤胎。樵夫中年得子，大喜过望，便把一对鸡放在竹篮里，送到岳父家报喜。鸡的显灵，令樵夫家人口兴旺。此后经过民间流传，相沿成俗，就有了生育子嗣的人家"提鸡报喜"的习俗。

海马流云墙基石位于西厢楼一层的最南端，描绘了在祥云山海纹

海马流云石雕

负母逃难石雕

上方，一匹骏马正自由驰骋。它的身姿挺拔矫健，脖子上的鬃毛浓密卷曲，四蹄腾空。马后是层叠的圭形山石，一团团松针散落其间，天空中形似如意的流云缠连翻滚，围绕着圆圆的太阳，太阳正中刻一楷书"日"字。圭乃古代祭祀、宴飨、丧葬、征伐活动使用之器具，使用规格有严格的等级限制。祥云山海纹、圭形山石，寓意地位、身份、权力。

负母逃难墙基石位于西厢楼一层的中央，画面情节紧张而扣人心弦。枝叶密密匝匝的老树在夜色下忽隐忽现，其间一条羊肠小道伸向远方，两旁乱石盘踞。前后两组人物相距只有数步之遥。前方一年轻男子双手向后背着老母，老母双手搭在他的肩膀上。男子奋力奔跑的同时，还不时回首张望是否被追赶上，背上的老母脸上露出焦急的神情。后边追赶的两人膀阔腰圆、面目狰狞，张着嘴似乎在大喊大叫。前面一人左手持刀，右手举着火把；后面一人张牙舞爪，腰间斜插着一把利斧。此图表现的是《二十四孝》之"行佣供母"的故事，说的是东汉人江革战乱中背着母亲逃难路遇匪盗，即所谓"负母逃危难，穷途贼犯频"的部分情节。画面紧张感、急迫感让人不寒而栗，但即使在如此命悬一线的情况下，江革都不曾放下母亲独自逃命，其孝至纯至真。

犀牛望月墙基石位于西厢楼一层的最北端。画中一牛伏身蜷卧，头颈向后仰起，双眼圆睁、口唇紧闭，专注而不安地盯着天上镰刀状的弯

第二章 王家大院的三雕图案及其文化内涵

月，牛的身旁雕刻了一团团火焰状纹样。苍松傲立，枝叶密叠，天空中朵朵云彩翻卷，月牙之上刻的"月"字清晰可见。此图表现的是"犀牛望月"。传说犀牛本是天上一神将，奉玉皇大帝旨意，下界传达"一日一餐三打扮"的起居规范，却误传成"一日三餐一打扮"，因而玉帝逐其下天界为人间造福。犀牛为了尽脱人间疾苦，让百姓安居乐业，便每逢月圆之夜即回天庭请求玉帝派财神爷下界，助他一臂之力。图中刻画的正是犀牛卧地回首望向空中弯月，急切地等待月圆以便上天请求玉帝。

犀牛望月石雕

遍览王家大院石雕可发现，王家大院宅院外两侧置有形态各异的石狮子，其中体型高大的石狮子主要置于堡门和等级较高的大院门外。其他院门处的石狮子则体型较小，其中圆雕形的小石狮子状如小孩的拳头。这些石狮子大多一反怒目威严的常态，表情温顺可爱，笑容可掬，姿态活泼逗人。王家大院的石狮子除在堡门和等级较高的大院门外独立设立外，其余大多不独立存在，而是附设在门两边的门枕石上，把门枕石当做基座，石雕狮子蹲在座上，与大门和谐相配。有的大门是石鼓形的门墩，在圆鼓上也雕着一只小狮子，或只雕出一个狮子头，同样起到守护大门的象征性作用。王家大院民宅门墩最常见的有扁鼓形、圆鼓形、方鼓形和长立柱形。鼓形门墩象征击鼓通报来客之意；长立柱形石墩以箱子形状象征文人、财宝，所以书香门第和商贾宅院都设置长立柱形石墩。门墩石图案主要有人物、走兽、字形、图画、石鼓等，它们借助动植物、寓言、几何图案，表达人们期盼富贵、兴旺的心愿。王家大院的门枕石宽厚平整，并且精心雕琢。王家大院柱础的形制、雕刻内容非常丰富，有的简洁大方、不加雕饰，有的造型复杂、层次多样。无论何种造型，或线雕或浮雕或透雕，其图案皆崇尚繁缛富丽。柱础造型多

样，主要有须弥座形、瓶形、鼓形、瓜形、香几形等。柱础的装饰纹样和图案也多姿多彩。戗柱石大多雕刻狮子。王家大院的石鼓上刻有狮、马、祥云、麒麟、寿字、龙凤、羊、猴及各种花纹等，雕刻内容比较丰富，都遵循着中国传统文化中物与意固定对应的指代方式。这种方式往往借助物的读音、性质特点，通过谐音、借喻、比拟、双关的修辞手法来表达对福禄寿的期盼和精神世界中高尚品格的追求。清代刘熙载《艺概》讲"在外者物色，在我者生意"，通过石鼓上雕刻的图案，的确可以领会到宅主之思、宅主之意，这也是心与物的灵通、意与物的交融。

  总体而言，王家大院偏爱体积较小的石雕，利用石雕造型将大院建筑空间的理念、形象与石雕造型艺术结合起来，将从日常读书、经商、做官、务农中领悟出的生活真谛，以象征性造型方式直接融入石雕作品中，目的在于展现与众不同的大院环境及王家自身的生活理念。王家大院石雕作为一种艺术形态，丰富了大院视觉元素种类。视觉艺术最大的好处就是借助作品外形、内容等元素乃至对视觉语言的理解，以视觉外化的方式把作品中所蕴含的信息和寓意更好地展现出来，让人们在内心深处衍生出某种特别的情感与思想。王家石雕作为建筑装饰的重要组成部分，能够帮助观赏者在观赏过程中获得教育。王家大院的石雕造型内容主要以宣扬忠君、爱国、孝廉等传统的伦理道德为主，王家人借助自身的思想情感、价值观念及生活阅历与不同视觉内容自发地相互交流，并从中接受传统文化内涵的熏陶，"成教化，助人伦"，借用视觉传递的方式实现了其教育的价值与意义。

  王家大院的石雕从表面看主要是装饰美化的作用，但是当仔细品味时就会发现其石雕所蕴含的文化含义不是简单漂浮在表面的东西，而是由内而外、发自王家人内心的一种表现。王家大院石雕造型题材是其思想动机的现实表达。石雕题材具有多样性、包容性、兼容性的特点，不同题材之间的加工组合，反映了王家对世俗生活的态度、心理需求与社会活动。大院石雕题材内容各异，寓意深厚，多以儒释道为基础并融

第二章 王家大院的三雕图案及其文化内涵

合三晋民俗，共同缔造出王家大院自己的艺术语言和精神土壤。这些题材经过艺术加工与处理，展现给世人的是一种可触摸、可观赏的艺术形态。总体看来，王家大院的石雕题材可以归纳为两大类。一是祈福纳祥。祈福纳祥是清代民居建筑装饰艺术中一种普遍存在的现象和特征，是人类生存在现实生活中的一种心理追求，不同种族与地域都有各自独特的表达形式。

狮子围香炉石雕

日常生活中人们不仅将这些表达形式应用到言行举止上，而且转移到器物与民居装饰上。人们的世俗生活成为祈福纳祥观念的传承载体。历史的变迁使得祈福纳祥观念深深烙印在中国人心中，成为人们心理需求的最直接表现。远离灾难祸事、追求生命本体的长存和世俗生活的幸福是其永远不变的主题。王家以石雕为载体，将祈福纳祥的精神观念转化为可视、可感的物质形态。随着人们视觉内容的不断丰富，生活在大院里面的人在情感上会产生相近的视觉感受，从而加强了整个大家族的凝聚力。王氏宗族在日常生活及经商、做官等一系列社会活动中，依据自身的感受、见识及经验创造出不同的石雕形象，从而使祈福纳祥的精神观念得以物态化。例如，石榴、鱼戏莲表达了王家人对子嗣繁衍的重视，而大院门墩上雕饰的寓意香火的香炉，则与王家期盼族群香火旺盛的心理需求相吻合。可以毫不夸张地讲，王家大院的每一处石雕都有其独特的象征含义。将这些生活中普通的事物有选择、有组织地设定在石雕造型艺术中，不仅能使石雕造型题材丰富多样，而且能避免视觉图像出现单一化的弊端，同时也满足了人们的心理需求。二是崇文尚儒题材。王家人虽然以务农和经商为主，但是却对文化十分重视，对于儒学的尊崇绝对不逊色于任何书香门第和官宦人家。王家大院雕有许多琴

书册纹样

棋书画的图案,这些皆是历代文人雅士必备之物,也是我国传统文化的重要组成部分,反映了大院主人高雅的生活情趣。另外,各宅院入户口的石雕匾额,虽然上面字数非常少,但却给宅院增添了许多儒雅之气。匾额的书写包含了行书、隶书等多种字体,造型则采用了竹子、书卷等多种样式。这些匾额或颂德、或言志、或垂教,内容大部分来自《易经》《尚书》以及各类经史,从而使得这些造型各异的匾额不仅起到装饰大院建筑的目的,而且表现出王氏家族内心深处的心理需求。王家对儒学的偏爱,使得其自身浸染了浓郁的文人士大夫气息,为王家人踏入上层社会奠定了基础,为其经商提供了重要的推力。此外,对儒学的尊崇使得王家大院由内而外散发出浓厚的书卷气,从而淡化了满院的官商之气。融入王家大院建筑石雕中的儒学文化,潜移默化地影响着王家的子孙,引领他们识礼守制、遵祖训,使得他们在一条既定的道路上有新的作为。对于王氏宗族而言,诸多传统文化的精髓不仅仅被拿来修身养性,同时也被转化成经商理念,不断地引导着家族商业帝国走向辉煌。

第二章　王家大院的三雕图案及其文化内涵

三、砖雕图案

砖雕主要依照木雕式样，并进一步走向立体化，集中运用在屋脊、屋檐、墀头、影壁、门脸、神龛、烟筒、斗拱等处，依据建筑需要和表现内容，采用立体雕、阴线雕、半浮雕、透雕等手法，内容多为四季花卉、吉祥禽鸟、历史人物、民间传说，如同主体建筑的镶边，图案不同，寓意不同，使整体建筑增加了一定的美感。王家大院的砖雕无论是花卉还是动物形象，都具有强烈的立体感，各种角色呼之欲出。王家大院的砖雕很重视大效果的处理，虚实相间，极富立体感，在青灰色的墙体衬托下，显得古朴典雅。每处雕饰注重写实，形象逼真，特别是在阳光的照射下，装饰效果更为细腻，层次丰富，如凝瑞居的砖雕狮子滚绣球等。

（一）墀头处的砖雕图案

墀头是中国传统建筑中硬山顶山墙端头的总称，主要作用是承重和装饰檐口。墀头作为古建筑结构的一部分，在王家大院中更是装饰的重要部位，雕刻内容有玉兔灵芝、禄星、燕山教子、福禄寿喜、花卉、神话人物等。有的墀头采用单独的圆形或方形纹样，有的采用圆形与方形结合的纹样，每座院落的墀头内容又互不相同，大多根据院落主人的地位及长幼秩序区分。

山西民居中，常见的墀头形式主要有两种：一种是以砖雕楼阁的形式出现；一种是以博古架的形式出现。墀头多用砖材雕饰，既有单独雕刻而成的，也有由几块砖雕拼砌而成的。墀头形式多样、内容丰富、寓意深刻，其题材有人物、故事、花卉、鸟兽等。这些图案或含有

牡丹墀头

各种吉祥寓意，表达各种美好愿望；或揭示一些做人做事的基本道理，教育子孙。一个院落内的墀头往往取材于同一组人物故事或同一类吉祥图案，具有明显的连贯性和统一性。根据图案的类型，大致可以归纳为植物类吉祥图案、器物类吉祥图案、动物类吉祥图案、文字符号类吉祥图案以及人物类吉祥图案等五种。以植物类吉祥图案为主的墀头装饰，大致分为两类：一类代表着人们对美好生活的期望，例如牡丹代表富贵、松树代表长寿等；另一类往往用来表达主人的志趣、追求和情操，最为典型的是梅兰竹菊四君子图。以器物类吉祥图案为主的墀头装饰，大致归纳为三类：一是主人用以明志的琴棋书画；一是佛教的八种法器（包括法螺、法轮、宝伞、宝盖、莲花、宝瓶、双鱼、盘长，统称"八吉祥"。法螺表示佛音吉祥，被比作运气；法轮表示佛法圆转，被比作生命不息；宝伞表示张弛自如，喻义保护众生；宝盖加被大千世界，是解脱大众于贫病的象征；莲花出污泥而不染，是圣洁的象征；宝瓶表示福智圆满，喻为成功和名利；双鱼表示坚定活泼，喻为幸福、辟邪；盘长表示回贯一切，是长寿、无穷尽的象征）；一是八仙过海中八仙的法器（俗称"暗八仙"。张果老持渔鼓，吕洞宾持宝剑，韩湘子持笛子，何仙姑持荷花，铁拐李持葫芦，汉钟离持扇子，曹国舅持阴阳板，蓝采和持花篮）。以动物类吉祥图案为主的墀头装饰，常用梅花鹿、猴、鹤、鱼、蝙蝠等寓意明确的动物，在中国传统观念里，松、鹤往往象征延年益寿，蝙蝠取"福"的谐音，等等。以文字符号类吉祥图案为主的墀头装饰，常见符号类吉祥图案有佛教中的万字符及汉字中的"福""禄""寿"等字。以人物类吉祥图案为主的墀头装饰，内容主要分三种：一是传说中的诸神

双鹿墀头

第二章 王家大院的三雕图案及其文化内涵

灵，如八仙、寿星、财神等；一是戏剧故事，如"满床笏""平西凉"等故事；一是劳作耕种的场面。王家大院偏向以神灵为主。

猴子捞月墀头：敦厚宅王汝聪宅入口戗檐处雕了一只猴子弯身捞取水中明月。猴子捞月源出《法苑珠林·愚戆篇·杂痴部》所载"救月"故事，大意为：伽尸国波罗奈城树林中生活着500只猕猴。一天，猴群行至一棵树下，树下有一口井，井中有月影。猴王看到月影便对同伴说："月亮掉到井里去了，快把它捞出来，免得世间长夜漫漫。"群猴商议怎么才能

猴子捞月墀头

把月亮捞出来，猴王说："我有办法，我攀在树枝上，你们抓住我的尾巴，一个接一个，就能把月亮捞出来。"群猴便按其说的去做，但没想到猴子太重，树枝柔弱，所有的猴子都掉到了井里。此典故用来说明"痴众共相随，坐自生苦恼"，即愚痴之人自生烦恼。此图放在入口墀头处，应是为了告诫家人不要学猴子自生烦恼，净做一些虚无缥缈不靠谱的事。

猴子挂锁墀头

猴子挂锁墀头：敦厚宅王汝聪宅入口戗檐处雕了一只脖子上挂锁的猴子静静地坐着，背景的梧桐树预示着有凤来仪，家中将出"贵子"。猴子心性浮躁，故而有"心猿意马"之说。脖子上的锁就是暗示把猴子浮躁的心性束缚住，把心收住，才能定下心来读书或做事。梧桐树也预示着只有专心读书或做

事才能成才，才能成为"贵子"。猴子挂锁墀头与猴子捞月墀头互相对应，意在说明定心读书或做事就能有所成就，就能享受荣华富贵。

玉兔灵芝墀头：位于敦厚宅。玉兔呈俯卧状，大眼长耳，眼睛与双

耳先以浅浮雕塑出轮廓后，再饰以一道阴刻线，勾勒出双眼及耳形，亦有数道阴刻线刻出趾爪。玉兔作回首状，四足弯曲向前，具有强烈的动感。玉兔是月宫灵物，有"蟾宫折桂"之吉祥寓意。其口衔长生不老灵芝仙草，有祈愿长寿之意。

玉兔灵芝墀头

燕山教子墀头：位于敦厚宅。其雕刻一老者坐在亭子里与台阶下一人交谈的情景，反映的是燕山教子的内容。窦燕山，原名窦禹钧，五代后晋时人，籍贯蓟州渔阳，由于渔阳属古燕国，所以后人也称其为窦燕山。窦燕山家庭富裕，但为人刻薄，常以势压人，明瞒暗骗，昧心行事。到了三十岁而立之年仍没

燕山教子墀头

有子女，为此非常着急。一天晚上，梦到去世的亲人对他说："你心术不正，恶名昭彰，如不痛改前非、重新做人，不仅一辈子没有孩子，还会短命。你要赶快改过从善，大积阴德，只有这样，才能挽回天意，改过呈祥。"从此，窦燕山周济贫寒，克己利人，大积阴德，后来妻子连续生了五个儿子。此即《文昌帝君阴骘文》所言"窦氏济人，高折五枝之桂"。窦燕山把全部精力用在培养教育儿子身上，不仅时刻注意他们的身体健康，更加注重他们的学习和品德修养。在他的教育下，五个儿子都成了有用之材，先后登科及第，人称"窦氏五龙"：长子中进士，授翰林学士，曾任礼部尚书；次子中进士，授翰林学士，曾任礼部侍郎；三子曾任补阙；四子中进士，授翰林学士，曾任谏议大夫；五子曾任起居郎。当时的大臣冯道曾赋诗道："燕山窦十郎，教子有义方。灵椿一株老，丹桂五枝芳。"《三字经》更是将其归纳为"窦燕山，有义方。教五子，名俱扬"，宣扬窦燕山教子的故事。因此，"教五子"有了"五子登科""五子高升"的吉祥寓意。此墀头意在教化子弟，企盼

第二章 王家大院的三雕图案及其文化内涵

"五子登科"。

二仙观太极墀头：位于凝瑞居。其墀头刻有题记"二仙观太极图"，刻画二仙展示一幅卷轴图。画中有太极图，俗称"阴阳鱼"，太极图外围有八卦图，刻有八卦符号，故而整体可称为太极八卦图，寓意阴阳有序、风调雨顺。关于太极图的起源，自古就有两种不同的说法。一般

二仙观太极墀头

认为，太极图源于伏羲、文王、周公、孔子所传的《周易》一书。"太极"二字出自《易·系辞上》所载："易有太极，是生两仪，两仪生四象，四象生八卦。"据说太极图是北宋理学家周敦颐据上所述，兼采道家学说绘制而成的。还有一说，认为太极图是北宋道家学者陈抟绘制的。宋代哲学家以"太极"代表各自哲学本体或最高范畴，太极图是理学家解释宇宙万物生成变化的图解说明，同时也是民间驱凶辟邪的吉祥符号。与之对称的是加官进禄墀头，题记为"加官进禄"，雕刻一天官左手持如意、右手托官印，身旁一只梅花鹿，"鹿"谐音"禄"，寓意加官进禄。

加官进禄墀头

哪吒执戟墀头：位于高家崖敦厚宅门墙两侧。图案中哪吒，双手执戟。唐代官阶达三品之家，可立戟于门，称为"戟门"或"戟户"。"戟"与"级"谐音，有"连升三级"之意。另外，图中哪吒脚踩祥云执戟（及）落地（第），故童子执戟有"状元及第"之意。与哪吒执

085

戟图对应的是红孩儿舞剑图。红孩儿左手横剑，右手扶膝，蹲步姿势，眉头紧锁，怒视前方，作威风状，与哪吒的顽皮样形成了鲜明对比。

哪吒执戟墀头

红孩儿舞剑墀头

（二）影壁处的砖雕图案

影壁雕饰是整体建筑群的主要组成部分，有的全部采用砖雕，有的砖石结合，有的砖、石、木组合，尤以砖雕为主。影壁有一字形、八字形等，由座、身、顶三部分组成。座有须弥座、台阶座等。墙身中心区域称影壁心，通常由斜放的方砖贴砌而成，整体造型或简洁大方，或富丽繁复，各展异彩。影壁构图样式主要有"四菜一汤"式、文字题材式。"四菜一汤"式构图，即壁心镶嵌砖雕图案，四个岔角处雕刻花纹

"四菜一汤"式影壁

题字影壁

第二章　王家大院的三雕图案及其文化内涵

或几何图案。文字题材式构图往往随宅院主人的思想而定，常见的形式有文字壁心、图形化文字、对联以及题字四种形式，以一种特有的书卷气烘托出主人儒雅的气质以及不凡的文化品位。王家大院红门堡中"寿"字砖雕是其唯一单纯文字题材的影壁，壁心为一繁体"寿"字，苍劲有力，简洁明了。文字壁心在晋商大院影壁中较为常见，譬如王家大院高家崖凝瑞居门前五福捧寿砖雕影壁，即是五只蝙蝠围绕一个图形化了的"寿"字，体现了期盼吉祥的意愿，另外侧院对面的祝寿石雕影壁中也有一个图形化了的"寿"字。同一题材，前者为浮雕，后者为印刻。也常见在影壁两侧雕刻诗联或对联，红门堡八字影壁壁心两首石刻七言诗联、观星阁下

圆形影壁心

面的日出江花影壁两侧对联，均为文字题材中的诗联、对联形式。影壁的精华主要集中在壁顶和壁身中心的装饰部分，形状有圆形、方形、几何形、花瓣形等。王家大院的影壁浮雕非常讲究雕刻的布局，整体雕刻细腻却无琐碎之感，并且具有浓郁的地方和民间特色。每一堵影壁浮雕作品都存在对称或呼应的形式，疏密相间，刚柔结合，明暗对应，具有很强的立体感、空间感和节奏感，加之大院的青砖灰瓦，在光线的照射下整个影壁宛若水墨画般古朴而温润。

狮子滚绣球影壁：位于敦厚宅门前。其垫层使用条石，整体采用砖造，基座为束腰型，装饰较少，转角处仿竹节造型，花牙子对称中线位置为香炉造型，两侧为一对草龙对称图案，半立体雕刻，线条流畅，形象自然生动。影壁壁心为狮子滚绣球，壁心四角以祥云花卉图案装饰，

狮子滚绣球影壁

两只狮子恰当地处于圆形内，头尾相接，共抚绣球，神态活泼，抬头注视大门方向，上部空隙处又巧妙地嵌入一只可爱的小狮子，大小三只狮子之间通过一条飘带填充了空白处，构图饱满，飘带的纤细柔软与狮子刚健的形象形成了鲜明的对比，画面刚柔相济。"狮子滚绣球，好事不断头"正是其寓意所在。此外，小狮子的出现又增加了世代相传、生生不息的意蕴。影壁上端为庑殿顶仿木结构，五组斗拱之间形成四个拱眼壁。拱眼壁的基本造型适应斗拱间的空间特点，上下平行，上窄下宽，为梯形，以圆弧曲线围合外形，内以梯形进行适当的纹样处理，表现内容各有差别。但无论如何变化，主要表现的依然是吉祥富贵、多子多福、神仙故事、历史人物等传统内容。狮子滚绣球影壁的拱眼壁以高浮雕形式装饰道家人物故事，内容反映全真教丘处机应诏出征途中和"石室山烂柯"的故事。其中"石室山烂柯"讲的是晋代一位樵夫在山上打柴时，于石屋内见有二位老翁对弈，就走上前观战。一局还没下完，扭头一看斧头柄已经烂掉，回到家才发现家人都已不认识，原来已隔两代。"柯"即斧头的木柄，烂柯山由此得名，成为道教传说中的"洞天福地"。狮子滚绣球影壁的拱眼壁中间人物及马的形象均聚焦于影壁的中轴线方向，两侧人物组成一隐一明的构图，也聚焦于中轴线方向，与壁心的狮子遥相呼应，组成紧凑的视觉构图效果，体现出匠师的高超艺术造诣。

拱眼壁浮雕

第二章 王家大院的三雕图案及其文化内涵

团鹤祝寿影壁：位于凝瑞居。团鹤是常见的传统图案，此图案是一鹤口衔灵芝，翩翩而来。"鹤"谐音"贺"，灵芝是长寿仙草，所以有"贺寿"之意。

路路畅通影壁：位于红门堡恒贞门。图案中间雕刻两鹿，一雌一雄，雌者温顺食草，雄者口衔灵芝，回首与树间一只拿桃子的猴对语，另一猴则正在松枝间挂印。"鹿"即"禄"，两鹿有"路路畅通"的寓意。"猴"即"侯"，挂印意味着"封侯挂印"，拿桃子的猴子是只老猴子，一老一小两猴又暗含"辈辈封侯"之意。此图案寄托了王家希望子孙仕途顺利、官运亨通的愿望。主图案外沿刻琴棋书画及双龙戏珠图案。琴棋书画是士子必备，透露出通过读书而入仕的意思。

渔樵耕读影壁：位于红门堡德馨轩。此影壁主体雕刻了四组画面，上下两边雕暗八仙。从图像表达看整体表现的应是渔樵耕读。渔樵耕读即渔夫、樵夫、农夫与书生。渔樵耕读表现的人物与典故有多种版本。其中一种版本认为渔夫指东汉的严子陵，他是东汉光武帝刘秀的同窗，刘秀做皇帝后多次请他做官，都被拒绝。他一生不仕，隐于浙江桐庐，垂钓终老。樵夫指汉武帝时的大臣朱买臣，他出身贫寒，靠卖柴为生，但酷爱读书。妻子不堪忍受其贫穷而改嫁他人，但他仍自强不息熟读《春秋》《楚辞》，后由同乡推荐，当了中大夫、文学侍臣。农夫指舜，主要描绘其在历山下教民众耕种的

团鹤祝寿影壁

路路畅通影壁

渔樵耕读影壁

五福捧寿影壁

场景。书生指纵横家苏秦，战国时其到秦国游说失败，为博取功名发奋读书，日日读书至深夜，每当要打瞌睡时，就用铁锥子刺一下大腿来提神。渔樵耕读表现了民众对安乐生活的向往，所以很多古宅大院都雕刻此图，从中可以感知和理解中国农耕时代人们所追求的生存方式、生活情趣和人生理想。

五福捧寿影壁：位于凝瑞居。其圆形的影壁心雕刻了五只蝙蝠，篆体寿字纹处于纹样中心，形象地表现了"五福捧寿"之意。桂鑫书院也有一处相似构图的石雕图案。"五福捧寿"纹的主要含义在于"五福"之意。"蝠"谐音"福"，"五蝠"即"五福"。"五福"之称，源于《尚书·洪范》所载："五福：一曰寿，二曰富，三曰康宁，四曰攸好德，五曰考终命。"可见，"五福"之意包含了人们所能想到的人生全部的幸福，包括长命百岁、荣华富贵、健康安宁、行善积德、人老善终的含义。"五福捧寿"又被称作"五福拱寿"，这就意味着"五福"之中以寿为先。蝙蝠在古代有长寿的含义，晋代葛洪《抱朴子》称："千岁蝙蝠，色如白雪，集则倒悬，脑重故也。"并认为千岁蝙蝠"得而阴干末服之，令人寿万岁"。又《太平御览》引《水经》亦称："交州丹水亭下有石穴，甚深，未尝测其远近。穴中蝙蝠大者如鸟，多则倒悬，得而服之，使人神仙。"因此，蝙蝠纹和寿纹组合在一起，更加强化了人们对延年益寿的渴望。

第二章　王家大院的三雕图案及其文化内涵

四、三雕图案的文化内涵

王家大院的建筑和设计处处体现了中国传统文化的深刻内涵，既是晋商文化的代表，也是北方民居建筑的典范。在王家大院内部的建筑物上运用了大量的中国吉祥图案，它们造型精美，内涵丰富，而吉祥图案主要集中体现在王家大院的砖雕、木雕和石雕之中。三雕作为传统文化积淀的装饰，既反映了整个华夏民族在一定历史时期的文化心理和道德观念，也表达了不同地域、不同身份之人的品位修养和人格追求。王家大院的三雕题材丰富、形式多样，将中华民俗文化与儒释道哲学思想融入其中，除红门堡内有些雕刻出于乾隆早期，还留有明代"粗犷简朴"的特点外，其余大都体现了清代"纤细繁密"的风格。

王家大院三雕题材繁多，且常常各种题材相互交织，由巧妙的构图将它们和谐地包含在同一幅画面中。若将这些有机构成的画面进行细分、拆解，就能看到一个个单一的纹样元素，几乎所有的纹样元素都传达着明确的、公认的民俗信息，即民俗意蕴。其中有些纹样重在表达祥瑞，寄托民众对人生平安喜乐、富贵荣华、多子多福等的追求，不需要其他纹样元素的辅助就能表达确定而完整的意思。这些纹样形态可称之为"显性表意"，有珍禽异兽、琼花玉树、博古器物等。半显性表意的纹样形态作为单个的纹样元素，表达的意蕴并不完整，只能通过图像的组合编排，使人们从画面各元素的彼此联系和呼应中读取信息。这些画面多带有叙述性，引起大众对某一神话、传说或故事的回忆，或和另一艺术形式有相通之处，激发大众联想，从而使眼前三雕所传达的信息完整。这些半显性表意的纹饰包括各色人物、山水景观等，这些纹样若遮去人物旁边的背景和其他人物，或单独地欣赏某一座山、一棵树，就不能完整地传达自身所具有的信息，构图也就失去了其应有的意义。一些具体的图案或文字进行抽象化表现而形成约定俗成的、有特定意义的纹饰，如由龙的图案和蔓草的图案相结合并抽象而成的夔龙纹，还有寿字纹、回字纹、如意纹等。这些吉祥纹饰虽然也传达祥瑞的意蕴，但意图性没有动物造型、植物造型那么明显，往往只是作为背景，对前者进行烘托，或者作为动物造型、人物造型身上的纹饰，因而最主要的功能是装饰和美化。因此，从观者的角度看，也很少注意这些纹饰背后的寓意，而是将目光聚焦在它们所烘托的画面主题上。

我国传统文化中，惯于在约定俗成的观念下，寻求形式与表征的共同点，以联想的思维，运用谐音、象征、寓意、直接等手法诠释吉祥的寓意。传统纹样追求"图必有意，意必吉祥"的风尚，由五只蝙蝠与寿元素（包括寿字纹、寿桃纹、寿仙纹）组成的五福捧寿纹样是一种常见的吉祥纹样。之所以将蝙蝠赋予吉祥的含义，一个重要的原因是因"蝠"谐音"福""富"。这种谐音的手法在民间艺人的创作中极为常见。蝙蝠有倒挂枝头的习性，运用谐音联想的方式赋予"福到"之意。因为谐音联想的思维，蝙蝠纹也因此成为一种极具民族个性的符号，是汉语的特点与中华民族思维相结合的产物。这种象征意义是一种约定俗成，它根据特定的风俗习惯，经历了一定的阶段而逐渐演绎而成。在五福捧寿纹中大量运用了寓意的表现方式。寓意是运用客观事物以寄寓它本身所不包含的意义，其所表达的内容，间接而更为宽广。它的特点不只是巧妙地运用多种象征手法，而且突出其吉庆幸福的含义，以表现对美好生活的追求。

五福捧寿纹中最具有特殊意义的莫过于蝙蝠纹的造型。对于纹样的造型方式，可概括为"观物取象"，即经过思维的抽象概括之后形成的不同于原有物象的形象。蝙蝠纹样造型中蕴含着概括与夸张的艺术表现

蝙蝠纹

第二章 王家大院的三雕图案及其文化内涵

手法，重点描绘体现蝙蝠主要特征的头、躯干与翅膀。多数图案中蝙蝠的头被描绘成三角形，中间一角表示蝙蝠的嘴唇部分，旁边的两角分别表示蝙蝠的两耳。蝙蝠纹翅膀的描绘占据其整个身形比例的三分之二，以曲线勾勒出蝙蝠主要的骨架形式。另外，蝙蝠的一对触须也很夸张，原形中并不具有一对较长的触须，在蝙蝠纹样中触须与其翅膀被统一为流畅的曲线，侧生在三角形的头部两旁，明显被艺术地加长加粗。曲线成为蝙蝠纹造型的主要要素。用云头纹表现蝙蝠双耳的方法，民间艺人有口诀：蝙蝠从来不拘形，如龙似虎方称奇。虎头云耳身似鼠，两翅斜飞有高低。寿元素的选择有圆形篆体寿字、寿桃纹、寿仙纹。不管以何种元素去表现寿纹样，对于隐藏在形式之外的符号所指意义是相同的，均为对长命百岁、延年益寿的祈福。

凝瑞居辈辈封侯石雕

总体上看来，建筑必有图，有图必有意，有意必吉祥。王家大院大量采用了民俗的各种象征、隐喻、谐音手法，以寄托主人美好的祈愿，给人以淳厚、朴实的感觉。三雕作品中内容简单的有花木、禽兽等，复杂的有吉祥图案、神话故事、人物活动，无论简单还是复杂，都既表现了美，更传达了对于子孙后代的训诫与期盼，体现了其教化功能，将令人厌烦的训诫与道德约束通过引人入胜的图案进行表达与呈现。对于具备象征含义的王家大院三雕造型，可从谐音、符号、喻义三个角度进行分析。

谐音，民间又称"口彩"，是民俗语言文化中常用的一种表达形式，也是象征性造

养正书塾辈辈封侯石雕

桂鑫书院辈辈封侯石雕

型中经常运用的一种手法。谐音是大院石雕造型中比较明显的一个特征，它来自日常生活，被人们熟悉与热爱，并成为造型艺术中无法超越和缺失的重要构成元素。吉祥类图案内容丰富，常用事物名称的谐音来寓意，如雄鸡、大象表示吉祥，因鸡、象与"吉祥"谐音；"蜂""猴"与"封""侯"发音相同，很容易使人联想到"封侯"，因此经常会运用"蜂""猴"来反映人们渴望在仕途取得显赫地位的心理。表现"封侯"象征意义必备两个元素，即"蜂"与"猴"。需要注意的是个体与个体之间存在差异性，即便是表达"封侯"的意义相同，但表现形式却各不相同。高家崖敦厚宅凝瑞居楼梯扶手柱头上背着蜂窝的猴子及其旁边的小猴子，以蜂窝与老猴、小猴寓意"马上封侯""辈辈封侯"，展现出主人急切盼望自己及子孙后代升官的内心渴望。为使人们能直观地读懂其寓意，简化掉了诸多复杂的构成元素，将雕刻重点集中到猴子的神态与动作上，而对后面的蜂窝则雕饰得相对简单。凝瑞居养正书塾也有象征"封侯"的石雕，以拿着桃子的大猴子和趴在大猴背上的小猴表现"辈辈封侯"之意。养正书塾特意将两只猴子雕刻成捂耳朵的形态，目的是告诫子孙要"两耳不闻窗外事，一心只读圣贤书"；而同样位于凝瑞居桂鑫书院的猴子则没有捂耳朵，但表达"辈辈封侯"的含义却是相同的。

　　符号，指将客观事物和对象之间具有的某种习惯或联想的规则作为标志物，使其具有一定的象征意义。客观事物所具有的象征意义并不是由一个或几个人的感受而产生的，它是整个社会群体在不约而同的情况下约定俗成的结果。符号又可分指涉性象征符号和浓缩性象征符号。指涉性象征符号主要指吉祥文字，通过直接表明意义的认知，直接指向事实。吉祥文字主要指通过具体的文字表达吉祥观念，传达人们对于美好

第二章 王家大院的三雕图案及其文化内涵

生活的向往与追求。王家大院影壁中，寿字多以组合形式出现，有五福捧寿图案，也有以单个篆书的寿字与菊花、牡丹、松鹤的组合出现，同样表达了对长寿的向往。浓缩性象征符号主要指吉祥物体、吉祥人物、吉祥图形。通过充满了情感与社会意义的符号表达认知，从而理解并呈现事实。随着中国传统文化、民俗文化的发展，一些物体、人物、图形等都附加了诸多的吉祥意义，并且逐渐稳定并传承下来，成为吉祥文化的象征符号。吉祥物主要指通过动物、植物等，表达人们的吉祥观念，传达人们对于美好生活的向往与追求。在吉祥符号中，吉祥物符号占据了大多数，有时单独出现，有时组合出现。以动物为主的吉祥物符号，有鱼、鹿、喜鹊、狮子、麒麟、蝙蝠等；以植物为主的吉祥物符号，有松树、桃、牡丹、葡萄、石榴等。例如"老鼠葡萄"图案，葡萄因其形状，在民间象征着多子多福的吉祥寓意。松树与菊花的图案中，松树是长寿之木，四季常青，多与仙鹤组合出现。以物品为主的吉祥物符号，主要有宝瓶、鼎、如意、绣球、琴棋书画、文房四宝等。例如，宝瓶象征着对家宅平安的美好祈愿。吉祥人物主要指通过具体的人物形象表达吉祥观念，传达人们对于美好生活的向往与追求。雕刻福禄寿星，为家族世世代代送来福气、功名利禄以及长寿，表达了对家族美好生活的祈愿。渔樵耕读图中凉亭里读书的人物形象与耕牛犁地的人物形象，表达了既要饱读诗书求取功名，也要固守根本、重视农耕的祈求丰衣足食的美好愿望。吉祥图形主要指通过某些有特殊含义的图形或造型，表达人们的吉祥观念，传达对于美好生活的向往与追求。龟背纹六边形组合的影壁将数字六与龟背纹组合在一起，用六边形表达对于吉祥平安的追求，用传统文化中"四灵"之一的龟表达对于延年益寿的美好祈愿。

  喻义包含隐喻、暗喻等类型，民间艺术中常用此方法表现吉祥美好的含义。王家大院石雕造型艺术中，不同的动物、植物、器物等都具有独特的象征喻义。其中，运用喻义手法的有许多实例：鱼的发音与"余"相同，同时鱼的繁殖能力又强，因此含有财富与多子双层喻义；

蝴蝶和南瓜的喻义则为"多子是福"。客观事物的喻义与石雕造型是相互依存的，它们借助石雕造型将其蕴含的思想情感与精神内涵表现出来，目的在于迎合主人的审美需求，最终使得主人的价值观念易于被接受。众多不同喻义的客观事物是依据王氏族人的心理需求挑选与雕刻后汇集到王家大院的，然后依据其自身所具有的特点共同营造出王家大院石雕造型特有的艺术氛围。

凝瑞居影壁之老鼠葡萄

装饰图案的吉祥主题包含着传统文化的众多内容和人文主义精神。吉祥作为装饰的主题，是人生的主题、世俗生活的主题，而不是非人的、异化的神的主题，它是传统文化精神的镜子，是传统民俗文化的主要内容，包括了人生的各种需要及方方面面，但归根到底还是对福寿禄喜财的追求。福，作为吉祥文化的主要内容，多层次、多角度地反映了人们的思想和愿望，祈福观念潜移默化地融入人们生活的各个方面。由祈福所产生的装饰动机体现在这样两类装饰中：一类是民间崇拜中的神，如八仙、福禄寿三星、和合二仙、灶王爷、土地爷等神位以及龙凤麒麟等瑞兽；另一类是利用谐音手法创造出来的图案，如蝙蝠、如意等。古人认为福的完美境界应包括长寿、多子、富贵、蕴德和寿终五项内容，俗称五福临门，常见的图案形象有蝙蝠、祥云、佛手、莲花等。蝙蝠有"遍福""遍富"的含义；云纹表示好运来临，因"云"与"运"谐音，佛手、桃子、石榴可组合"福寿三多"等。自古以来，中国人以长寿为五福之首，只有安康长寿、永享天年才是最大的终极的福分，五福捧寿以寿字为中心的装饰图案直接表现了这样一种观念。在装饰上表现寿的构成形式可以分为四类：一是直接以寿字表现，百寿延年的理想创造了以100个不同的寿字

第二章 王家大院的三雕图案及其文化内涵

组成的百寿装饰图案；二是以自然界长寿的事物为象征，如常青的松柏、千年的龟鹤、美意延年的灵芝，都用来寓意人的长寿不老；三是字与图形结合的形式，如用曲折盘旋的松柏或辅以灵芝、仙鹤构成寿字；四是采用谐音方式，用猫、蝶、绶带鸟以及松、竹、梅等构成图案表示长寿之意，如齐眉祝寿等。关注生命必然顾及生命的延续，在中国人的观念中，生命的存续便是传宗接代、多子多孙。在传统文化中，孝具有极高的地位，"不孝有三，无后为大"，无子嗣便谈不上孝道。古代彩陶装饰中出现的鱼纹便有祈求生殖繁盛的意义，由鱼的多子隐喻生殖的兴旺，并传递着对人的祝福，所谓"长宜子孙"，发展而为"麒麟送子""连生贵子""五

蝴蝶南瓜石雕

五福临门

子登科""五子夺魁"以及"送子观音"等一系列的故事俗信和变化的图案样式。在多子这一图样系统中，几乎每一个纹样、图案都有其复杂和渊源很深的文化背景。禄，是从福文化中分化出来的主题。以祈禄文化为动机的装饰吉祥图案有两类：一类以"升官晋爵"为主题，如"五子登科""辈辈封侯""连升三级"等表达希望升迁的理想宿愿；另一类以"科举及第"为主题，如"鲤鱼跃龙门""五子夺魁""连中三元"等表达期盼读书进取、加官晋爵之意。此类题材有禄星、魁星、文

昌帝君、麒麟、鹿、狮子、仙鹤、猴、公鸡、岁寒三友等。禄也是贵，地位的高贵，因而与富、贵、禄有谐音、寓意之类联系的生物，如桂树、鹿、牡丹等便成了吉祥的象征。喜，意为喜事、喜庆之意，生活中但凡顺心如意的事情都是喜事。在纹样形式上，喜字的对称形式"囍"象征了婚姻的美满幸福；两两相对的喜鹊图案谓之"喜相逢"；梅花与两只鹿组成的图案寓意"眉开双乐"；喜鹊站在结有三颗桂圆的枝头上称为"喜中三元"，因喜鹊为"喜"，桂圆与"元"同音，三颗桂圆即"三元"；月季鸳鸯寓意婚姻美满、夫妇和谐。此外，许多谐音意的纹样结构，如欢（獾）天喜（喜鹊）地等，把人的喜悦情感和希望、理想"纹化"为形式，装饰于器物与环境，这样吉祥纹样便成了世俗生活的一个场景。以喜作为装饰题材有"囍"字、喜神、喜鹊、蜘蛛、如意、百合、月季、莲花、儿童等。财，即财富，也指发财、事业兴旺、丰收等。迎财习俗促成了民间吉祥装饰艺术的兴旺，"年年有余""吉庆有余""五谷丰登"都是人们创作的祈财图案，这类题材有财神、杂宝、博古、金鱼、鲤鱼等。在民间，对有关聚敛钱财的民俗也非常重视，如将门槛做得很高，用来阻挡财气的外溢；房顶做成向内单坡形式，将雨水排在院内，称"肥水不流外人田"；院落中的钱币形排水口和富贵财富也有直接的关系。

  王家大院的三雕装饰既是建筑构件，又起到美观的作用，不仅丰富了建筑的造型，而且是言情表意的载体。小小的纹样设计，不仅在比例尺度上与被装饰的构件协调，同建筑的空间环境和谐，而且表现出了整个建筑环境的气氛和建筑性格。建筑装饰局部与整体的有机结合，不仅美化了空间环境，而且把装饰融化在环境之中，达到了"虽有若无"的境界。无论雕刻的是物体、人物、文字还是图形，都用不同符号所象征的美好意义代表了主人对于多子、多寿、多福的向往和追求。

  王家大院的三雕艺术可谓"片瓦有致，寸石生情""外立于象，内凝于神"，这些装饰大量采用了世俗观念认可的各种象征、隐喻、谐

第二章　王家大院的三雕图案及其文化内涵

音的艺术形式，把汉民族的风俗习惯、宗教信仰、主人的美好希望和理想，都寄托于仙人瑞兽等吉祥物上，创造出立体感很强的艺术氛围。当人们欣赏这些精美的雕刻艺术时，不仅消除了对高墙深院的禁锢感，而且增添了生活的兴致和美感，激发了人们积极向上的内在动力。这些饱浸着乡民民俗的新鲜活泼、丰富多彩并为世人所喜闻乐见的民居装饰艺术，成为中华民族传统文化的重要组成部分。三雕图案从屋顶、屋身到基座，无论是简单的线脚加工，还是复杂的植物、动物形象的雕刻，都能将建筑的细部装饰与整体有机地结合起来，把装饰融化在整个艺术形象之中，将自然现象人格化、理想化和社会化，并与人的道德情感进行类比，使天人关系成为伦理、道德、审美的演绎，象形寓意、物以情观，以想象弥补现实的种种缺憾，超越单纯实体形象，显示了形意结合、情理交融的特质，称得上是北方民居建筑装饰艺术的代表。

王家大院的建筑不仅满足了人们生产生活的需要，而且满足了其在精神层面的追求。大院建筑装饰中的木雕、砖雕、石雕等艺术装饰作品题材广泛、雕刻细腻，寄寓了主人美好的愿望和追求，充分满足了人们爱美的本能和对美的精神追求。大院以《二十四孝》图案宣扬孝悌思想，以渔樵耕读图案劝勉子孙勤奋上进。这样的构思动机使王家人在浓郁的文化氛围中得到熏陶，完成了儒家"成教化，劝人伦"的教育目的，使礼制观念得以深入人心。

漫步王家大院，细细欣赏这些经历了数百年风霜的三雕作品，会让人不由自主地将天地自然万象纳于胸中，产生"人生朝露，艺术千秋"的感慨。主人的情感、价值观念、美学趣味、希望和理念都蕴含其中，并通过这种建筑的格局、主体结构的装饰，体现出不同时代的宗法、政治、宗教、风俗习惯和当时的人文精神。整个大院的构造装饰，充分显示了汉民族文化的精湛技艺，并把民间建筑工艺装饰中的情、理、艺、趣、神融入其中，具有很高的艺术审美价值和丰富的历史研究价值。大院中通过富有寓意的各种雕刻图案纹样，把主人的思想寄托全部融汇其中，形成了一个理想的氛围，以此来激励人们的意志、陶冶人们的情操，达到教化后人的目的。其犹如一座丰富的宝藏，看不尽、读不完、品不绝，这些原汁原味、古色古香的雕刻艺术，把主人的思想融合其中，把中国古老的传统文化通过一幅幅精美雕刻、一个个历史典故、一扇扇垂花门窗、一帧帧匾额楹联表达出来。步入其间，既能增长知识、得到美的享受，又会使人的精神得到净化、思想得到升华。

第三章  张壁古堡的奇异之处及其文化内涵

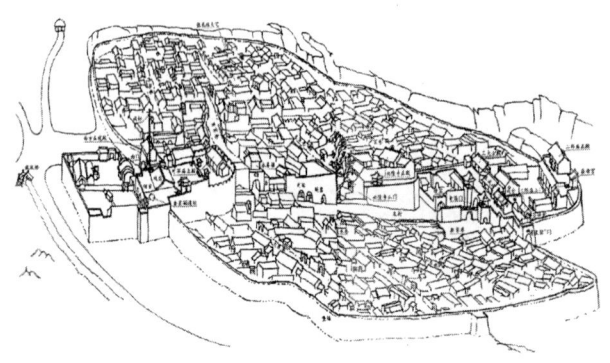

张壁古堡示意图（引自黄强《山西堡寨式聚落的防御体系探析》）

张壁古堡，即张壁村，坐落于山西省介休市东南约10公里处的龙凤镇、太行山支脉绵山北麓的黄土台地上，结合地形、地势条件形成了堡墙完固、地道遍布的防御性堡寨聚落。壁，《说文解字》中为"垣"，即城墙，含有堡寨之意。《正字通》"壁，军垒"，也是堡寨的一种形式，军事防御色彩浓厚。张壁附近还有不少以"壁"命名的村落，根据清代康熙三十五年（1696）、乾隆三十五年（1770）和嘉庆二十四年（1819）的《介休县志》记载，可知以"壁"为名的村落共有9个，均在介休东南方位。张壁古堡是以军事防御为主的聚落。关于其起源虽无明确说法，但其是在特定时代和地域背景下产生的军事城堡，其军事性质是毫无疑问的。

张壁古堡随地势建造，东、西、北分别被窑湾沟、龙脉沟和一条冲沟环绕，仅南部有一瓶颈小路与外界相通，三面临沟，南高北低，地势险要。张壁古堡大致呈长方形，东西374米，南北244米，堡周长1.1公里，南面、东面和东北面围着厚厚的夯土堡墙，堡墙以黄土加板夯修而成，墙高约五至七米，底厚三米，顶厚一米多，西面紧靠在几十米深的叫做窑湾沟的黄土沟壑边上，沟两边悬崖峭壁，以险代防，所以村子西边没有造堡墙，只是沿沟边夯了一道土墙。东北角堡墙为唐代堡墙遗存，南堡门西侧堡墙为明清时期堡墙，其上有一灯杆，为"张壁点灯，介休看明"的信号灯，是古代军事烽火台的缩影。张壁古堡空间布局由位于村落正中央的一条主街贯通南北。据当地村民介绍，这条街道称作龙街，铺地的红色砂石称作龙鳞，北门外原有的两个涝池称作龙眼，二

第三章 张壁古堡的奇异之处及其文化内涵

郎庙被称作龙首。龙街是古堡的中央轴线，与东边三巷、西面四巷构成了一个个丁字路口，大致呈"丰"字形延伸。其中西四巷为西场巷、贾家巷、王家巷、户家巷，东三巷为靳家巷、大东巷、小东巷。西四巷大多为富户，门楣考究，砖、木、石雕精美，多为狮子滚绣球、喜鹊登梅、鹤鹿同春等民间喜闻乐见的吉祥内容。主次街巷共同构成了张壁古堡的主要空间框架，串联起了两边的住屋院落。据统计，堡内现有30余座保存完好的院落，住宅比邻有序，民居与堡墙

泰山石敢当

之间有一定的间距。此外，巷道地势高于街道，这样每逢下雨，地表水都流向主街，顺街流出北门，再向东流出瓮城东门，顺势而向东北、东南流去，最后冲进大沟。不管走出哪个丁字巷口，都可以看到一块长方形的"泰山石敢当"镶嵌在对面墙上。"泰山石敢当"或"石敢当"是民间常见的一种驱邪禳灾的方式。《清稗类钞》云："石敢当，立石于里巷之口以禁压不祥者也。……宋庆历中，张纬宰莆田，再新县治，得一石铭，其文曰：'石敢当，镇百鬼，厌灾殃。官吏福，百姓康。风教盛，礼乐张。唐大历五年，县令郑押字记。'后有加'泰山'二字于上者，曰泰山石敢当。"

龙街两端是由砖石筑成的南北堡门。南堡门是副门，门高3.5米、宽3米、进深9.5米，门上建有门楼，高约10米，门洞为青石拱形，门

南堡门入口

匾题词"护村镇河"，现存的南堡门是明嘉靖三十八年（1559）重建后的风貌。门楼坐南朝北，面阔三楹，进深两间带廊，悬山顶，配黄绿色琉璃鸱吻装饰，门楼后被改作"西方圣境殿"，清雍正八年（1730）重修后增塑神像，但20世纪

103

六七十年代被毁，现为图片展览室。门洞西侧有守门人居住的窑洞一间，窑上原有"地藏堂"三间，明代时门外曾有栅栏门，迄今遗址可寻。南门东有可汗庙，西与古堡墙一体，门楼旁有上至堡顶的便道，可作为可汗庙向堡上运送战车辎重的径道。门南正对关帝庙，门东侧有断面墙与古堡墙一体，现存南门是在原址基础上后移数米后的建筑实物。北堡门为"丁"字结构，有两道门洞，堡外门向东开启，外门面向堡外一侧的门额题"德星聚"三字，由嘉庆年间教谕靳炳南书写，外门里侧门匾书"熙春"二字。外门为清康熙年间建筑，安装有板门，板门用铁叶包裹、铁钉钉牢，门顶建有一间带抱厦的窑洞，内供吕洞宾像。由廊下可通达二郎庙、空王行祠，也可由此上及窑顶去往北堡城墙之上。瓮城以内为隆新门，即北门。进入北门后方可见到"丁"字结构的道路，向南穿过拱形门可直达龙街，向北本可穿过过道门到达二郎庙，后过道门被堵塞，门洞内部遂变成曲尺形。两道门之间形成了一座瓮城。按古代风水师的说法，张壁古堡地势南高北低，因而街道不可直出北门，否则风水易泄难收。从军事上说，多一道关卡则多一道屏障。曲尺形的门道使得村外的敌人难以查明村内防御的部署，兵马即使攻入堡门，在转弯处也不得不放慢速度，从而给守军以可乘之机。北门门洞和二郎神庙戏台齐高，为"吕"字形。传说戏台落成唱戏时，演员们听到戏台东山墙至瓮城的外墙处总有砸墙声音，看时却空无一人。晚上，看台人梦见二郎神前来点化，说吕洞宾因听不到戏而有怨气，于是村里人就在此开了个圆形窗

张壁古堡公共建筑位置标示图〔引自王岳颐《山西介休张壁传统村落研究（下）——典型建筑与装饰艺术》〕

第三章 张壁古堡的奇异之处及其文化内涵

户，这样"吕"字形的堡门和窗户就形成了。

张壁古堡的规划有如下特点：第一，城堡为子坐午向，反向八门。受《淮南子》"昔者，共工与颛顼争为帝，怒而触不周之山，天柱折，地维绝。天倾西北，故日月星辰移焉；地不满东南，故水潦尘埃归焉"的影响，东南角为可汗庙和地藏王菩萨殿，西北角为一条天然壕沟，以填东南角之不满，并象征"天倾西北"。第二，西南方为城堡的死门，城外又有一座很大的土丘，现已发现是宋元代的古墓群。所以在古堡的西南角堡墙内修建练兵的校场，以兵象镇死门，以武气镇煞气。第三，古堡南高北低，以峻山为坐山，以绵山为朝山，有悖于古代村落选址"子午"坐城须北高南低的规律，故在"子"位上建了两座庙宇，一为真武庙、一为二郎庙，一曰"挡"、二曰"拦"，庙顶标高超过南堡门，以使北高南低。第四，为解决南高北低的子午相冲，收住城中的水财，不使之外流，又将原来正子位的北堡门出口堵死，在北堡门的中心折向正东，构筑了歼敌的瓮城。又建两重堡门，成为"东北瓮城堡门"，寓"风水不外流，取之不竭"之意，并使堡门指向位于古堡之外约800米处东北角的一座小山丘"影壁"和小山丘上的象征北斗七星的七棵槐树。第五，由于绵山的地势高陡，冲气足，故又在南堡门外建造了关帝庙，以遮挡来自绵山的煞气，完全符合了古代村落规划的风水要求。张壁古堡南堡门"离中空"为"龙首"，门头有龙首石雕，门下向南铺设九道竖向红条石路，象征龙须，向

龙街

北的主干道为龙身，后来为使龙形更加逼真，在清朝年间又专门将横向铺设街道的青石板起出，改成三道竖向的红石板，以象征龙的脊背。古堡中心主干道两侧的水塘、槐抱柳，共同象征龙的两肾和陈抟太极图的阴阳鱼。

因为张壁古堡在仅12万平方米的区域内保存了完整精美的古村落形态、庙宇建筑、民居院落和明堡暗道，因而被誉为"袖珍小城"，为"世界建筑史上罕见"。2005年，张壁古堡被评为"中国十大魅力名镇"；2006年被评为"中国历史文化名村"，同年被列为"国家级文物保护单位"；2010年被评为"中国特色旅游景观名村"；2012年被确定为"中国传统村落"（第一批）。山西乃至全国现存的豪宅大院很多，张壁古堡可以说有三个比较明显的、与众不同的特点：其一为寺观庙宇多而集中；其二为星宿文化丰富；其三为地下暗道密布。

一、张壁古堡的寺观庙宇

山西各地历来有"无庙不成村"的说法，各式大小庙宇彰显了地方民间信仰的兴盛。张壁古堡几乎家家户户都有不少神位龛阁，据原大东巷居民口述，院落住宅中的神祇分布格局大致如下：家院入口，门神分居正门两侧；进门后，迎门影壁上，或是门道侧墙中，通常为土地神龛；院内天井靠近堂屋左侧，是天地神位，以木头示之；"风水楼子"位于院墙顶上；财神和灶君居于堂屋中央，处于上位，祖先供台则置于堂屋西侧墙边；正屋墙上抑或其他地方，还挂有一红纸，上印三四个神像，统称"弹公"，用以护佑孩童。此外，各家还依据自身情况供奉其他神明。农户之家多供奉马王爷，没有神龛或香案，只在西厢房明间左手檐柱上贴一红纸，上书"马王老爷之神位"。奉神祭拜的时间，就张壁古堡全年来说，一方面在重要的节气时令所有家户神祇都得祭拜。据说，每逢旧历新年、端午、中秋、冬至四大

第三章 张壁古堡的奇异之处及其文化内涵

节，家家要祭祀七位神，他们是土地、财神、灶王、马王、门神、观音和大仙。节日当天，各家摆酒、蒸馍、置供桌，通常由一主事之人代表全家将家户各神一一祭拜。另一方面在特定的时间也对某一特定的神祇进行祭拜。据村中老人言，张壁古堡百姓在中秋有祭日、祭月之俗。中秋当天，各家主事在院子中央摆一供桌，上供月饼和馍馍，分别

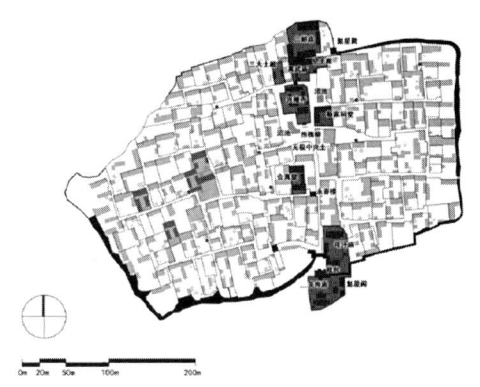

张壁古堡寺观庙宇示意图（引自任萌：《晋中地区传统聚落空间组织与文化仪式的相关性研究》）

于正午和亥正时分朝着太阳或月亮的方向进行祭拜。腊八节时，各家熬煮腊八粥，除供家人食用外，也要朝院落中央的大树上稍加涂抹，用以献树神。若遇到神祇诞辰日，也要摆供品专门进行祭祀。除了这些不需要专门建寺观庙宇祭祀的神灵外，张壁古堡内更有关帝庙、真武庙、二郎庙、空王行祠、兴隆寺、三大士殿、龙兴寺、西方圣境殿、可罕庙等宗教建筑。这些宗教建筑年代较为久远，多为明代以前的建筑，分别集中在南北二门内外，形成了南门庙宇群与北门庙宇群。在0.1平方公里的古堡内，竟有如此之多的寺观庙宇，实属罕见。村里寺观庙宇众多的原因，首先可能是因为中国传统的宗教信仰是泛神崇拜，不具备唯一性。中国老百姓的信仰非常现实，处处与实际生活相关联，体现着功利主义，需要什么神的保佑就拜什么神，什么神有用就供奉什么神，有求必应的神灵涵盖了生活的各个方面。张壁人家里灶台上供奉灶王爷，牲口棚里供马王爷，正房顶上有吉星楼供奉姜太公，院门左右还会有小石龛，东面是门神、西面是财神。其次可能是当地出外经商的晋商经济上有实力，赚钱回故里置田地、筑住房、建庙宇是他们的人生理想。

张壁古堡寺观庙宇祭祀情况

	祭祀对象	祭祀场所	祭祀时间（农历）	祭祀内容
有特定祭祀场所和时间	关帝	关帝庙	五月十三	关帝生日，村民在家中祭拜，也在关帝庙祭拜。
	空王	空王行祠	三月十七	每年三月十七日空王佛圣诞，龙神聚会，四方各府州县人民朝礼圣境，报答佛恩。登涉中途，绵山之麓张壁古堡乃空王佛之要路，凡散人到此，无不止息。或遇天雨盛，不能朝礼，此村南面楚之。
	可罕	可罕庙	七月初八	村民到可罕庙"献盘子"（又叫"供献食"），争先恐后在可罕庙正殿前月台上放一盘"炸货"，即油炸食品，同日演大戏。常年演一天，隔五年连演三天。
	地藏	地藏宫	七月十五	地藏生日为七月十五，七月三十为其成道日。七月十三至十六日四天奉行盂兰盆会。
有特定祭祀场所，无特定祭祀时间	痘母娘娘	痘母宫	无定	通常于天花或麻疹流行期间，尤其是家中小孩患此病时进行祭拜。
	靳氏姑嫂	姑嫂殿	无定	过去，一般供神之人都会前来祭拜，纪念靳家两大神人。
	龙王	龙王庙（堡外）	无定	祈雨。
无特定祭祀场所和时间	眼光娘娘	无定（眼光殿已不知所在）	无定	祈求保护眼睛。

统计资料：参李菲、唐蒋云露《黄土社会的多元互动与区域整合——介休张壁古堡的祭星仪式考察》。

（一）南堡门寺观庙宇群

1.可罕庙

可罕庙别名疙瘩庙、可罕王祠，鞑王庙，村里人习惯把可罕庙叫做"圪垛庙"（"圪垛"这个词在山西很流行，指的是黄土小丘），是古堡内历史最悠久的庙宇。可罕庙位于南堡门内东侧约3.5米的黄土高台上，为四合院，由正殿、东西厢房、戏台组成，是南堡门庙宇群的主体，内中庭院分三个高度，20多米见方，东西两侧是厢房，北面两米多高的月台上是正殿和钟楼及鼓楼，登大殿又需登暗九级须弥台阶，可见

第三章　张壁古堡的奇异之处及其文化内涵

可罕庙戏台

大殿之"可罕"堪比帝王之尊。可罕庙正殿位于平台正中，三开间坐北朝南，灰瓦硬山造顶，正脊中央有金黄色琉璃饰件，殿内壁画是后来新绘的，画的是"明修城堡，暗筑地道，地道攻防"的故事。山墙尖上脊柱两侧的三角形墙面上，则分别画着"米芾拜石""周敦颐爱莲""林和靖赏梅""陶渊明采菊"四幅逸士闲情的水墨画。正殿两侧设有东西耳房，分别是财神庙与娘娘庙（子孙圣母殿），建筑形制低于正殿。钟鼓楼在正殿前，1982年认定张壁

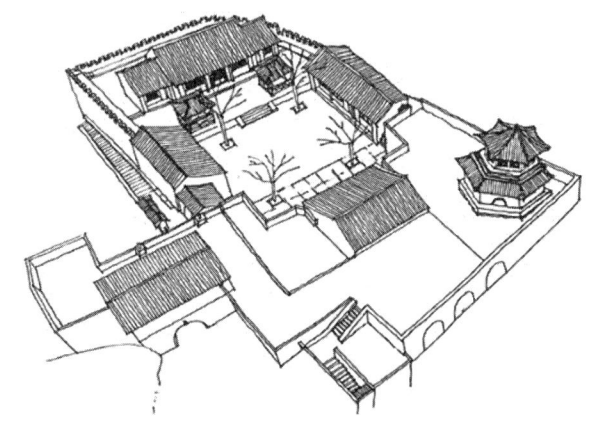

可罕庙与魁星楼整体鸟瞰图〔转引自王岳颐《山西介休张壁传统村落研究（下）——典型建筑与装饰艺术》〕

古堡为省级文物保护单位的时候，钟楼还在，鼓楼已毁。如今钟楼也没有了，二者都残剩地面上的痕迹。可罕庙院落为东西宽约25米、南北长约50米的四合院，院内四角栽有古树，东南方位的大树下原建有地道入口，后于抗战时期损毁。东西厢房均为单坡屋顶砖木结构，外墙高耸与堡墙连接围合院落。东厢房为四开间，进深两架，最南侧的一间与院门相对，和其他三间相隔，内有改建后的地道入口。西厢房面开三间，进深约一架。和正殿相对的南侧有一座戏台，基座高约1米，沿台口左右布置有两处八字影壁，中梁底面题字为乾隆三十五年（1770）上梁。戏台两侧是道光十一年（1831）修建的砖窑，与嘉庆八年（1803）垒筑的砖堡墙结合在一起，砖窑北侧分别设砖砌台阶可上窑顶，其中东侧设垂花门。窑顶低于戏台后檐约半米，其上建有魁星楼与西方圣境殿。受地形地势影响，可罕庙虽坐北朝南，但正门却坐东朝西开在院落西南角，并正对大门设一座一字影壁，再通过长长的礓磜儿（一般在纵坡超过15度角的地段上，本应设台阶，但是为了能通行车辆，以砖石露棱侧砌的方式将斜面做成锯齿形坡道，称为"礓磜儿"）与主街相连。可罕庙与整个堡寨防御体系关系最为密切，不但选址在村落最高处，而且通过庙院设有台阶，可直通南侧堡墙顶部进行防御，台阶尽端有仅能容一人通过的垂花门，东厢房的南尽间设有村落地道入口，正殿西侧及北侧等面向村落的部分，还设有雉堞式围墙。这些都说明可罕庙具有早期军事聚落指挥场所的职能。

张壁古堡可罕庙的始建时间不详，正殿内塑一将军神像，殿外廊前有两块碑，其中明天启六年（1626）所立《重修可罕庙碑记》载：

邑之东南张壁村，绵山环亘焉。古地肥润，人居稠密，诚南乡之巨擘也。兼且五日一雨、十日一风，旱魃不为灾，蝗虫不入境。适其地，见其嘉禾遍野，问其人，咸颂年岁丰登，原阙所繇，非神之呵护默佑不至。此村惟有可罕庙，创自何代殊

第三章 张壁古堡的奇异之处及其文化内涵

不可考,而中梁书"延祐元年重建"云。第年深日久,墙垣不无倾圮,彩色不无剥落。睹故宫而泣下者有之,于是僧人宽节慨于衷,约于村之善士天祯、大权等曰:"可罕神,一方之保障也,庙宇如是,于心安乎?"祯等皆勃然曰:"师之所言,实众人之素志也。"即书名捐资,鸠众兴工,修坠举废,革故鼎新。以基址则壮固也,以彩色则璀璨也,飞漆流丹,夺人心目,视昔之倾圮剥落大不侔矣。则岁时祭享,何至遗人以风木之悲哉?余尝瞻礼其地,众谓余为记。余□为,可罕,夷狄之君长也,生为夷狄君,殁为夷狄神,夷狄之人宜岁时荐俎焉。以我中国之人祀之,礼出不经。然有其举之莫敢废也。况神之福庇一方,护佑众生,其精英至今在,其德泽至今存,则补葺安可废,而祀典又安可缺耶?且傍有子孙圣母祠,复同时振饰,则启我后嗣,保我婴赤者,其慈乌可禅述乎?而答报之贶□亦乌可少哉。是役也,起于万历肆拾柒年之秋柒月,告竣于今年之冬十月,何□□□速哉?缘人之趋事者亟耳。故一时与事之人咸得备勒于石,以为不朽云。是为记。大明天启陆年柒月吉旦府庠廪生宋可大沐手拜撰,本村张宝沐手拜书。

碑文主要叙述修庙缘由,从"此村惟有可罕庙"可知到重修可罕庙的1626年时张壁古堡只有可罕庙一座庙宇,又根据殿堂中梁上所写"延祐元年重建",则最迟在1314年该庙已经存在且曾进行过重修。正殿中梁底面题字"乾隆三十二年上梁大吉",说明大殿是乾隆三十二年(1767)再次修缮后的样貌。清嘉庆八年(1803)《补修可罕王庙碑记》记载,因为可罕庙后山"忽崩塌

重修可罕庙碑

崖山数丈",于是"纠首会村众,而好事举矣。崖仍用土筑而坚固倍之,西崖临街数丈易为砖墙,上庙行路尽修为砖阶。南门楼围墙亦易旧而为新,又于庙院中坤地新增一茅窑,而奎楼下茅房、驴圈尽去"。清道光十一年(1831)《重建奎楼、山门碑记》载嘉庆十三年(1808)时,魁星楼迁建至今址。至此,该庙格局大致形成,南北57米,东西28米,周边有胸墙,南缘凸出堡墙之外,北缘临大东巷,高8米,使得可罕庙成为张壁古堡的最高点,高墙垛口俨然堡中之堡。

可罕庙为祭祀可罕而修建,但是可罕到底是谁,却并没有明确的答案。古堡传说故事中认为可罕庙的主人是刘武周。相传隋朝末年,刘武周出生在一个富裕家庭,少时善射骁勇,后来因战事去洛阳投奔隋太仆杨义臣,在隋炀帝东征时因作战有功被提拔为建节校尉,后隋炀帝东征失败,他返归马邑担任鹰扬府校尉。后刘武周不甘心做一个太守,想成就一番霸业,便揭竿而起,自立为王,国号"天兴"。刘武周通过依附于突厥来稳固势力,突厥则出于扶植地方割据势力的目的封刘武周为"定杨可汗",并给他提供了一些战马和兵器。随后,刘武周开始了他向南进攻进而平天下的战略计划。隋大业十三年(617)五月李渊父子从太原起兵,十一月占领长安,次年五月推翻隋朝建立唐朝,武德二年(619)五月刘武周攻陷平遥,六月攻到介休,大败裴寂所领唐军,于张壁设立据点,屯兵屯粮。十一月,山西大部尽归刘武周所有,唐在黄河东岸只剩晋西南一隅之地。同月,唐高祖命李世民用坚壁清野的战术率军征讨刘武周。武德三年(620)四月,柏壁之战持续近半年,刘武周见大势已去遂逃至雀鼠谷,又被李世民追击,战败逃往介休,率五百骑弃并州北走投奔突厥,622年,因欲谋归马邑,事情泄露,被突厥杀死。雀鼠谷就在距离古堡不远的介休灵石交界处,刘武周在张壁的时间以史书记载推测有一年左右,而且战事频频,地道应该是高欢于北魏时备战防御而挖掘的,但是隋朝刘武周可汗使用地道是可能的。刘武周的部将宋金刚和尉迟恭在介休一带曾屡破唐兵。嘉庆《介休县志》也记载有刘武

第三章 张壁古堡的奇异之处及其文化内涵

周、宋金刚和尉迟恭在介休活动的史料或史迹。或许是以这些记载为依据，也是出于发展旅游产业的需要，张壁人就把可罕庙说成是定杨可汗刘武周庙。由此产生了一则故事，说宋金刚和尉迟恭曾在张壁古堡屯粮屯兵，地道便是那时候挖的，堡墙是地道挖出来的土夯的。进而有观点认为地道构筑于隋末大业十三年（617），距今已有1300余年。

当地老百姓一致认为可罕庙殿内中央为刘武周塑像，金身戴平天冠，是称帝时的样子。西侧尉迟恭侍立，赤面虬髯，皂袍金甲；东侧宋金刚倚立，白而无须，白袍金甲。这些塑像都是1996年新塑的。尉迟恭和宋金刚都是刘武周的大将，刘武周战败后，尉迟恭未能突围被困于介休城中，李世民爱惜他的勇武，派人劝降，尉迟恭眼看大势已去，献城投降，介休城

可罕庙正殿塑像（引自陈志华《张壁古堡》）

中至今有当年尉迟恭听令于李世民的"听令巷"。有人说，刘武周战败后，他的部下和亲信留在了古堡，为了纪念他们的王，便建造了这个庙宇。也有人说，刘武周的军队驻扎在这里的时候，爱护百姓，给当地人办了很多好事，官民互不侵扰，所以建殿供奉他为神。

然而，学界最新研究成果对此却有不同的看法。魏晋时期，在鲜卑部落，始见"可罕"之称，最高首领被尊称为"可罕"或"可寒"，夫人被尊称为"可敦"。此后西北各民族或西域诸国首领大多称为"可罕"，"可罕"之称越来越多，广泛使用于鲜卑、高车、吐谷浑、柔然、突厥、契丹、蒙古、女真诸民族。由此推测，可罕庙供奉的对象应是一位古代北方游牧民族的可罕。据张壁古堡可罕庙殿外廊前明天启六年（1626）所立的《重修可罕庙碑记》，也说明可罕出自游牧民族，并一直优护地方。山西介休、灵石、石楼、中阳和汾阳等市县，存在多座

可罕庙或遗迹,通过对其分析可见各地可罕庙塑像数量不等,但都认为可罕庙主神是一位武将。《礼记·祭法》所载"夫圣王之制祭祀也,法施于民则祀之,以死勤事则祀之,以劳定国则祀之,能御大菑则祀之,能捍大患则祀之"的五条标准推测,可罕应该就是附属于鲜卑的北齐第一大将敕勒人斛律光,介休可罕庙乃至山西发现的其他可罕庙创建时代当为唐代。其依据有如下几方面考虑:首先,斛律是高车族的一个部落名称,后来以部落为氏,遂成斛律氏。斛律家族从斛律金时走向鼎盛,斛律金、斛律光父子相继为斛律部落第一领民酋长,酋长实力大者被尊称为"可汗",因此在斛律部落内部极有可能称斛律光为"可罕"。其次,斛律光先后任职晋州刺史、朔州刺史和并州刺史,晋州所领郡之一即为西河郡,而现存几个可罕庙基本都在北朝后期西河郡范围。斛律光半生率军征战,作战或屯聚兵粮最频繁的地点,也是以晋州为中心,其中介休张壁即是其一个军事据点。再次,山西可罕庙所在地区,至今还有许多斛律部落成员的后裔,这些人依然在那里生活。介休市三佳乡东湛泉、西湛泉有斛姓300人左右,自认是斛律光后人。全国斛姓分布主要在山西,包括吕梁的中阳县、柳林县和晋中的介休市。第四,斛律光家族被诛,在社会上引起极大震动,朝野痛惜;北周武帝认为北齐自毁长城,灭齐后追赠斛律光为上柱国、崇国公;唐太宗李世民极其推崇斛律光,认为斛律光在世,北周不敢去想吞齐,斛律光被诛,北周才有攻灭北齐的信心和行动。第五,《后晋新修斛律王庙碑》《斛律王庙创建记》等证明,早在唐代,斛律光镇守的地区已经出现斛律光的影堂,随后影堂发展成为庙宇。建庙之事出现在斛律光长期活动的地区,应与民间对他的追思和崇拜有关。

2. 关帝庙

关帝庙位于南堡门外,其修建和明末的社会动乱有关。张壁古堡紧挨的绵山历来是强盗出没之所,据清康熙五十年(1711)《关帝庙重建碑记》载:"我等遭明末之时,贼寇生发,寝不安席,附近乡邻俱受侵

第三章 张壁古堡的奇异之处及其文化内涵

凌。遇有贼寇来攻，吾堡壮者奋力抵敌，贼不能入。贼曰：汝村中赤面大汉乘赤马者是何处之兵？我等曰：请来神兵剿灭汝寇也。贼自相语曰：神兵相助，村中必有善人。遂欲退去。"乡民们认为这位乘赤马的赤面大汉便是关羽，于是"平定之后，村众曰：'吾乡仰赖关圣帝君保护平安，理宜建庙祀之。'彼时惜无宽广之地，逼门草创一间以权祀之"。据此可知关帝庙建于明末，又因关帝显圣于南堡门，所以该庙坐南朝北，独具一格。南门门洞之上嵌着一块石匾，题"护村镇河"四个字，显然附近那条山溪在雨季会有山洪。关帝庙在南门外，很可能同时有"镇河"作用，这本是关帝庙的常规任务。

关帝庙

清康熙五十年（1711）《关帝庙重建碑记》记载，至清康熙四十七年（1708）时"有僧了道与贾公讳国印者相善，言曰：'见贵村门外，关帝庙临街，献祀之际甚属不洁，何不重建以伸其诚？'"同时，村中早就有了修缮关帝庙的想法，所以大家都踊跃起意重修关帝庙，于是"会通香老张大贞、贾云瑞，会请纠首公议，按地公派"。因戊子年（1708）天时不利，拖延到了己丑年（1709）才正式开工，"大殿圣像于九月告成，修水陆会场"，至庚寅（1710）"修僧舍砖窑四眼，钟鼓二楼"，并卖掉村中一棵古柏筹银一百二十两，至辛卯（1711）"修建山门乐台三楹"。如此历时三年，动用三千五百余工，终于使得关帝庙焕然一新，具备了较为规整的形制。康熙五十九年（1720）《增修墙垣墁院碑记》载，是年"土墙改以砖墙，土院增砌砖

新建献殿碑

院",并在庙院东边建旗杆一根、茶棚一间,"以济往来行人之渴",规模进一步完善。据《新建献殿碑记》可知乾隆五十六年(1791)创建献殿,"又补修正殿、傍殿以及乐楼、戏台、墙院,无不振旧如新。鹏翔尤不慊意,独力金妆彩画,由是翚飞鸟革比其华,刻桷丹楹方其丽。虽往来观瞻者未免踵事增华之诮,然必如是而尊神之敬意始伸,人心之抱憾始释",关帝庙的形制最终得以形成。清道光十五年(1835)《重修仪仗补葺彩绘碑记》记载了关帝庙的大范围修缮,但基本格局没有改动。

关帝庙主体是一进院落,山门及戏台、献殿、正殿及朵殿等主体建筑沿轴线自北至南顺次布置,外围通过围墙围合成完整院落。山门是三开间卷棚顶,面向院内正殿方向出抱厦一间,坐南朝北,左右为土地庙、蜡蝗庙,并设有"出将""入相"门,形成过路戏台,戏台两侧沿台口设小型八字影壁。献殿也是三开间卷棚顶,明间向山门方向出歇山顶抱厦一间,与山门戏台所出抱厦相对,共同加强了整组建筑的轴线。献殿悬挂木刻对联一副,上联曰"生蒲州聚涿州保豫州镇荆州惟公称神称帝",下联曰"扶玄德结翼德斩庞德剿孟德谁人塑像塑身",横批"亘古一人"。

献殿屋顶横梁处的题记"万年大清乾隆五十六年四月十七日巳时立柱午时上梁吉庆"明确提及献殿建于乾隆五十六年(1791)。正殿及朵

关帝庙献殿

献殿题记(局部)

关帝像(引自陈志华《张壁古堡》)

第三章 张壁古堡的奇异之处及其文化内涵

泥包铁像

殿居于组群最南端,其中正殿为面阔三间的硬山顶建筑,正殿里原有的神像都在20世纪六七十年代被砸毁,1994年重修塑造妆彩,殿内正中间供奉关帝神像,左边关平抱印、右边周仓捧刀。关帝庙东侧有东跨院一座,形制较为简单,但院中立一座单开间砖木建筑,正好处于可罕庙轴线上正对可罕庙正殿方向,但因其地势较低,与可罕庙并无直接的结构关系。在对可罕庙戏台南侧窑洞进行修缮时,在砖墙里发现了一座隐蔽的神龛,里面供奉着一尊菩萨像,菩萨像的内部隐藏着一座铁制神像,即有名的"泥包铁像"。

关帝庙内部装饰比较繁复,正殿及献殿木雕与彩绘都比较出色,尤以龙、象题材的雀替雕刻及彩绘为代表。关帝庙正殿壁画绘制于清康熙五十年(1711),共25幅,都是《三国演义》中的场景,内容主要是关帝生平经历,有刮骨疗毒、三战吕布、桃园三结

"延津诛文丑"壁画(引自任兆琼《张壁古堡——话说关帝庙》)

"桃园三结义"壁画(引自太原梅花吴红艳的博客《张壁古堡,解不开的谜》)

"三顾茅庐"壁画(引自太原梅花吴红艳的博客《张壁古堡,解不开的谜》)

117

义、诛颜良、延津诛文丑、义释曹操、走马荐诸葛、古城斩蔡阳、单刀赴会、过五关斩六将、千里走单骑、水淹七军等25个征战故事，着力渲染关羽的忠勇信义。这种壁画便是教科书，它们和演义、戏曲、说唱等一起，把宗法社会里人伦秩序的理想一代一代地传承下去。由于采用天然矿物质颜料，且因为关帝庙坐南朝北，室内晒不到阳光，张壁古堡又地处黄土高原气候干燥，所以历经300多年壁画依然色彩鲜艳。道光十一年（1831）造的龙神庙在关帝庙的东院，坐东向西，三开间，脊檩下记载乾隆十一年（1746）上梁。

3. 魁星楼

魁星楼

张壁古堡魁星楼，即文昌阁，坐南朝北，正六边形平面，砖木结构，底层于石砌台基之上砖砌楼身，上部则全用木构，形成两层的楼阁，上下楼层之间由内部木楼梯连接，建于可罕庙南侧砖窑顶上东南角，同时也是村落东南方向的地势最高处。

按照传统风水学说，在此处布置高阁可以提振文风，帮助村中学子们考取功名。道光十一年（1831）《重建奎楼山门碑记》里说："村南罕王庙巽地旧建文昌奎星楼，历有年矣。嘉庆戊辰岁移建村外。"1808年，魁星楼移建到村外东南角，即全村的巽位。道家学说认为，巽位有一种莫名的光亮，魁星楼建在巽位，昭示前途光明。奎宿和壁宿两组星团紧紧相邻，星宿学中有"奎壁联辉"的说法，若奎、壁两宿同时发出强烈光芒，就预示着会有圣人出世。实际上，张壁古堡魁星楼也正是在这一思想的影响下于清嘉庆十三年（1808）由村外移建于此处的。魁星楼"不几年而基址毁裂，意神灵之不欲迁移，而旧址之究属安吉耶"，于是"仍于村内旧址建立。第旧址颇窄，因复广地基若干，又从而砖砌之。下接砖窑二间，上建阁三

第三章 张壁古堡的奇异之处及其文化内涵

魁星

楹，高插云汉。旁立灯杆一座，元灯不坠。而理间张思谦又施北门外地二亩，以供香火焉"。现在的魁星楼是2006年在原址上的复原建筑，高10.5米，阳台上的六方底座高0.6米，第二层为砖砌结构，门阶向北，第三层为木质结构，隔扇门，六方攒尖顶，灰瓦脊兽。二层设有木梯，供奉的是魁星，主管功名科举，过去的读书人到魁星楼拜魁星，祈求在科举中金榜题名。魁星面目狰狞，蓝面赤发环眼，头上长角，样子十分恐怖。他左手持一只金斗，右手握朱笔，左脚金鸡独立，右脚踏在鳌背上，此造型即民间传说的"魁星点斗，独占鳌头"。魁星原型为赤发蓝面鬼，据说是文曲星下凡，北斗七星中组成斗的四颗星即为魁星。民间传说魁星掌管着许多美妙的文章，凡诚心祭拜魁星的学子，在参加考试时，魁星即会送去灵感，使之考试成功，仕途光明。魁星左侧塑其坐骑，此物看似白马，细看时头部长鹿角、骡耳，蹄如牛，尾似麒麟，身着鞍、脚镫。三层供奉的是文昌帝君，两边分别是天聋和地哑（一个听不见叫天聋，一个不会说话叫地哑）。

文昌帝君俗名张亚子，西晋末年降生于四川梓潼七曲山，宋元以后演变成道教大神文昌帝君，成了主宰中国科举教育、士大夫功名的神，读书人往往于考试前向他祈祷，卜问功名前途。相传文昌帝君曾作有《阴骘文》，是劝人行善、

文昌帝君

为子孙后代积德的通俗经本，明以后民间传播较广，常与《太上感应篇》《戒淫文》等并行刊印流通。其文曰：

帝君曰：吾一十七世为士大夫身，未尝虐民酷吏。救人之难，济人之急，悯人之孤，容人之过。广行阴骘，上格苍穹。人能如我存心，天必锡汝以福。

于是训于人曰：昔于公治狱，大兴驷马之门；窦氏济人，高折五枝之桂。救蚁，中状元之选；埋蛇，享宰相之荣。欲广福田，须凭心地。行时时之方便，作种种之阴功，利物利人，修善修福。正直代天行化，慈祥为国救民，存平等心，扩宽大量。忠主孝亲，敬兄信友。和睦夫妇，教训子孙。毋慢师长，毋侮圣言。或奉真朝斗，或拜佛念经。报答四恩，广行三教。谈道义而化奸顽，讲经史而晓愚昧。济急如济涸辙之鱼，救危如救密罗之雀。矜孤恤寡，敬老怜贫。举善荐贤，饶人责己。措衣食，周道路之饥寒；施棺椁，免尸骸之暴露。造漏泽之仁园，兴启蒙之义塾。家富提携亲戚，岁饥赈济邻朋。斗秤须要公平，不可轻出重入；奴仆待之宽恕，岂宜备责苛求。印造经文，创修寺院。舍药材以拯疾苦，施茶水以解渴烦。点夜灯以照人行，造河船以济人渡。或买物而放生，或持斋而戒杀。举步常看虫蚁，禁火莫烧山林。勿登山而网禽鸟，勿临水而毒鱼虾。勿宰耕牛，勿弃字纸。勿谋人之财产，勿妒人之技能。勿淫人之妻女，勿唆人之争讼。勿坏人之名利，勿破人之婚姻。勿因私仇，使人兄弟不和；勿因小利，使人父子不睦。勿倚权势而辱善良，勿恃富豪而欺穷困。依本分而致谦恭，守规矩而遵法度。谐和宗族，解释冤怨。善人则亲近之，助德行于身心；恶人则远避之，杜灾殃于眉睫。常须隐恶扬善，不可口是心非。恒记有益之语，罔谈非礼之言。翦碍道之荆榛，除当途之瓦石。修数百年崎岖之路，造千万人来往之桥。垂训以格人非，捐资以成人美。作事须循天理，出言要顺人心。见先哲于

羹墙，慎独知于衾影。诸恶莫作，众善奉行。永无恶曜加临，
常有吉神拥护。近报则在自己，远报则在儿孙。百福骈臻，千
祥云集，岂不从阴骘中得来者哉！

文中文昌帝君以种种身份显灵垂训，教人行善，还向世人许愿，只要人们行善，上天必定赐福。此文并非空洞的理论说教，而是结合"窦氏济人，高折五枝之桂""救蚁，中状元之选""埋蛇，享宰相之荣"等所指代的窦禹钧、宋郊、孙叔敖这些被载入史册的人物进行教化规劝。作为一种文化形态，文昌信仰在中国思想史上占有重要地位，在社会功能上，它是儒家文化不可或缺的补充。文昌信仰将儒家伦理世俗化、生活化，对于世人所应遵循的各种伦理道德分门别类，增强了儒家教化的力量。在对待世间的事物上，文昌信仰并不采取回避消极的态度，而是倡导积极地积累人间的功德，通过改变别人的命运来改变自己的命运，通过种种外在的善行来规范人的内心，使之向善迁恶，不再为一些贪婪、自私的恶念所左右。"诸恶莫作，众善奉行"是一条具有普遍意义的人生修养信条，它的内涵非常明确，就是要求人们发自内心地作自我改造和自我修养，使得人的精神世界充满慈悲和善良，使人类社会充满友情和关爱。

4. 西方圣境殿

西方圣境殿坐落于南堡门正上方，殿内旧有泥塑，村中也称之为"小西天"。从清雍正九年（1731）《重修金妆西方圣境碑》"本堡南门古有西方圣境殿宇三楹，历年已久……神像剥落，纳子传学于康熙年间，早有整饬之举……于今厥工告成"，可知现存建筑为1731年重修的。20世纪70年代以前，西方圣境殿内曾有悬泥塑，据说塑造的是天地三界、日月星辰、行云流水、风雷电闪，东西山墙前台上是十八罗汉，另有两尊护法神。该建筑坐南朝北，主像阿弥陀佛，偏塑十八罗汉，韦陀站像二尊，面阔三间，单檐悬山顶，屋顶大量使用华丽的琉璃屋脊、

宝顶及吻兽，正脊"三山聚顶"十分壮丽，屋面为黄色琉璃铺就。西方圣境殿的屋面最华丽的是正脊，鸱吻是高高的黄琉璃坐龙，形象生猛有力，中央有"三山聚顶"，正中立一座绿琉璃双层楼阁，两侧傍一对莲花宝座上的白琉璃象，它们上部都有三层黄琉璃宝珠，再加上各色琉璃做的细节装饰，如璎珞、火焰、锦袱等。这种屋脊是山西乡土建筑重要特征之一，使建筑物轮廓参差多变化，色彩灿烂丰富。西方圣境殿旁建有地藏堂，此地被当地人称为下手（鬼门）。

（二）北堡门寺观庙宇群

北堡门门洞之上并肩一字排开建了三座庙，即中间的真武庙、东边的空王行祠、西边的三大士殿，它们是与北堡门密切相关的一组建筑。道光十一年（1831）《重建奎楼、山门碑记》载："吾乡接南

北堡门庙宇群（局部）

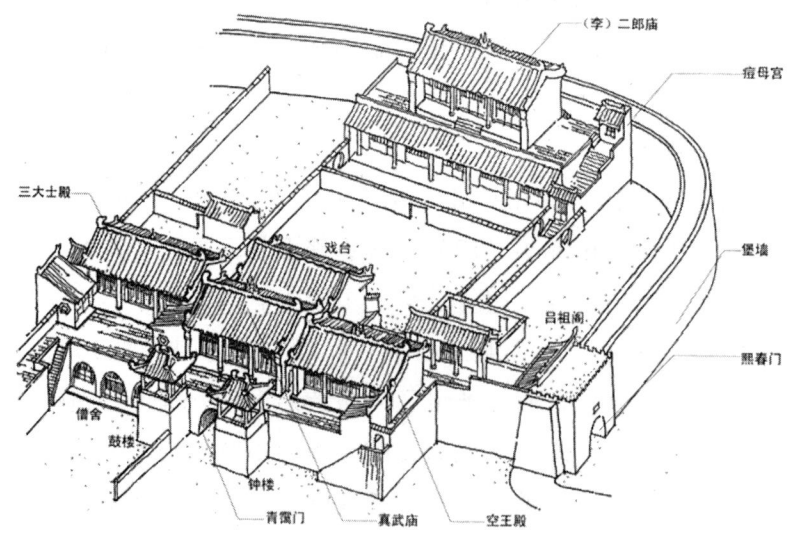

北堡门寺观庙宇群示意图（引自王金平、徐强、韩卫成《山西民居》）

第三章 张壁古堡的奇异之处及其文化内涵

山一带之脉最真……第急脉缓受,地势宜然,而吾乡南高北低,去脉颇促,赖有北门真武庙、二郎庙为一村锁钥,于以藏风聚水,前人之建立诚善也。"可见真武庙乃至北堡门外二郎庙的修建都具有补风水的考虑在内,目的是为了留锁风水、藏风聚气,保佑堡中百姓安康、风调雨顺。

1. 真武庙

真武原为玄武,是道家主神,相传"镇北方,主风雨"。在中国传统文化中北方为玄武,对应的颜色是黑色,对应"水"。宋朝之后对真武的尊崇逐渐兴起,宋代赵彦卫《云麓漫钞》卷九载"祥符间避圣祖讳,始改玄武为真武"。宋圣祖即赵玄朗,《宋史·礼七》等史料记载:宋真宗在大中祥符(1012)五年十月,对宰相王旦等人说他梦见了玉皇大帝令赵氏祖先授予他天书,赵氏祖先自称是人皇九人中一人,曾转世为轩辕皇帝,后唐时奉玉帝之命,七月一日降世,主赵氏之族,总治下界,名圣祖曰上灵高道九天司命保生天尊大帝。当年十一月,宋真宗下诏:"圣祖名,上曰玄,下曰朗,庙号圣祖,不得斥犯。"赵玄朗,字公明,元明之后逐渐演变成了财神,也就是通常所说的财神赵公明。明代,真武被明成祖封为"北极镇天真武玄天上帝"后,进一步激发了兴建真武庙的浪潮,各地兴建活动不断。山西也深受影响,"我汾人敬事尤谨,集辄数十百千人三千里往返,倾囊倒箧,为之无倦容",尤其是山西汾河两岸区域所建真武庙更多,如太原晋祠真武庙、张壁古堡真武庙、洪洞县净石宫等,"北方之名山胜境,多造此祠,概俗之所尚",同时晋人认为"玄帝即黑帝……汾者,晋之望也。黑帝居坎,天一生之,水之宗也。在天为水星、为雨露、为霜雪,在地为海、为渎,因祀汾而使畷食于黑帝,犹祀始祖所自出,以其始祖配之也,有祷即应。"张壁古堡的真武庙位于北堡门之上,与真武神镇守北方的理念相符。也是出于解决"南高北低,去脉颇促"的风水缺陷,在道光十一年(1831)改建二郎庙山门之前,先在北门门洞的正上方造了一座真

真武庙正殿塑像

真武庙内两侧塑像及壁画

武庙,从它的明间中梁底面题字上,可以看出其建于嘉庆十三年(1808)。张壁古堡真武庙由正殿及钟、鼓楼组成。正殿面阔三间,进深两架,额枋下题有捐资人姓名,单檐硬山顶,殿内正台上塑有赤脚乌发青布衣形象的真武像,真武左手边塑周公、龟将,右手边塑桃花女、蛇将,其中蛇将右手握一蛇。殿内两侧壁塑道教水火十大元帅,即雷门元帅田华、鄷邪元帅孟山、混气元帅庞乔、仁圣元帅康席、猛烈元帅铁头、降生元帅高原、降魔元帅雷避邪、威灵元帅雷琼、风轮元帅广泽、火德元帅谢花荣。

真武庙正殿北侧前设有两级台阶,阶下晨钟暮鼓分立两边,其台基凸出北堡门堡墙,形成对北堡门的拱卫之势。真武庙内两侧壁画色泽浑厚、细腻繁复、栩栩如生,所绘内容是真武大帝在武当山修仙的故事,诸如"元君授道""磨棒成针""天帝赐剑""怒斩魔女"等。其中"磨棒成针"的神话故事大致情节如下:

真武大帝在武当山苦苦修炼了好几年,把道经背得滚瓜烂熟、倒背如流,可还是没能得道成仙,难呀!到底什么时候才能成仙呀?他丧气了,想:"深山修炼,远不如坐享荣华富贵,还是回宫继续当太子去吧。"于是便下山往回走。一路上只见天色阴沉,耳边乌鸦"哇哇"叫个不停,他心里乱糟糟的,想找个人说说心事,可这深山野岭连个人影都没有。说来也巧,这时候突然看到前边不远处坐着一个老太太,她低着头,双手握着一根铁棒,正在井边石头上不紧不慢地磨呢。真武大帝好生奇怪,上前问道:"老人家,您磨铁棒做什么呀?"老太太头也不抬,边磨铁棒边回答说:"想磨成一根绣花针哩!"真武大帝觉得好笑,说道:"这么粗的铁棒何年何月才能磨成绣花针呢?只怕命终也磨不成针呢!老人家呀,我看您就别费功夫了!"老太太既不生气也不泄气,还是不紧不慢地磨着铁棒,说:"磨一下,它就小一点,只要功夫深,自会磨成绣花针。"真武大帝心中一亮,想:"修仙求道不也和这铁棒磨针的道理一样吗?"他刚想感谢老太太的指点,那老太太已经升上云头,她说道:"聪明人,一句嫌多;糊涂人,百句嫌少。"说完哈哈一笑就不见了。原来,那老太太是紫元君变来点化真武大帝的。

真武庙壁画"磨棒成针"(穿黑衣者为真武大帝,老太太是紫元君所变)

"怒斩魔女"的神话故事大致情节是:

某天，真武大帝坐在茅庵里闭目打坐，修真养性。突然，一阵喊叫声从外面传来："救命呀！救命呀！"真武大帝听见叫声，披发仗剑，奔出茅庵，四下张望。只见山腰间一只黑虎正在追赶一个姑娘，那黑虎一声吼叫，山摇地动，一声咆哮，群峰发抖，实在是让人胆战心惊、心虚腿软、失魂落魄，那姑娘惊恐逃窜、拼命呼救。真武大帝见黑虎要伤人，这还了得！便大喝一声："孽障，休得伤人！"说着，七星宝剑一道金光，闪在空中。那黑虎见神剑砍来，情知不妙，乖乖趴在地上，点头摇尾，乞求饶命。真武大帝见黑虎受伏，便不杀它，开口道："你若能依我一事，我便饶你。"黑虎点了三下头。真武大帝说："我得道之后，你好生替我巡山，我封你做山中之王。凡人间不平之事，由你惩罚。"黑虎又点了三下头。真武大帝收了七星宝剑，说道："去吧！"黑虎便顺从地走了。自此以后，武当山有了"黑虎巡山"。再说那姑娘得救后，瘫坐在石台上仍然惊魂未定。真武大帝上前问道："姑娘，你是哪里人氏？为何走进深山险些丢了性命？"这姑娘抬起头来，看年龄不过十五六岁，生得又大方又俏皮，让人不免心生怜爱。她细声细气地说："小奴家父女二人，以卖柴为生。这几天爹爹生病在床，我一个人进山打柴，遇见猛虎。若不是恩人相救，早已命归西天了。"真武大帝说："猛虎已经降伏，你快回家去吧。"姑娘却哭了起来，边哭边说："脚疼腿酸不能挪步。"真武大帝一心要回山上修真养性，急着要走。姑娘在身后喊："恩人莫走！常言说救人要救活，你一走开，那猛虎再转回来，我死了不要紧，可怜我那爹爹，谁来服侍？"真武大帝是修道之人，心慈面软，只得回身坐下。真武大帝修行以来，头发打结，虱子成堆，那姑娘掏出木梳，靠在他身边，轻声说道："恩人，你头发咋成了这个样子？闲着无事，我与恩

第三章 张壁古堡的奇异之处及其文化内涵

人梳头。"真武大帝见这姑娘轻浮，不禁怒气冲天，喝道："你要是良家女子，就该自尊自重。再敢轻举妄动，定斩不饶。"这姑娘落了个没趣，又羞又恼，满脸通红，感觉无地自容，于是纵身一跳，扑下了万丈悬崖。真武大帝见此情景傻了眼，向悬崖下探头一望，不禁毛骨悚然，只见那万丈悬崖灰雾茫茫，深不见底。天哪！这姑娘定是粉身碎骨了，这可如何是好？真武大帝后悔起来：自己修真养性整整42年了，连个蚂蚁也未曾伤过，为的是得道成仙，今日却逼人丧命。看来只有赔她一条性命，才不愧这42年的功德。想到这里，他也从姑娘跳崖的地方纵身扑了下去。真武大帝跳下悬崖，云雾里钻出五条青龙，将他托起，一直送上天柱峰顶。真武大帝到了顶，见到了他的师父玉清圣祖紫元君，师父拍手大笑道："徒弟大功成就，得道成仙了。"真武大帝此时恍然大悟，方知是师父要试试他的品性。

真武庙壁画"怒斩魔女"（骑虎、挥剑者为真武，女子乃紫元君所变，五个仙人即五位龙王）

真武庙神像背后的墙壁上绘有十二幅屏风，画有"十二禽戏图"。画面从右至左以喜鹊报春开始，到鹌鹑安春结尾，画中的禽鸟自由地栖息、戏水，展现了一派祥和美好的景象。真武庙西侧坐落着创建年代不详的三大士殿，与空王行祠相对而建，通过一道小垂花门与真武庙组群分隔开来，下连兴隆寺的禅院。整组建筑坐北向南，由正殿及耳房、东西戒房组成。正殿面阔三间，单檐悬山顶，殿内供奉观音、文殊、普贤三位菩萨，中梁下墨书题字"大清康熙三十一年上梁大吉"。

2. 空王行祠

空王行祠位于真武庙东侧，建造在北门丁字门顶上，坐北向南，是为供奉唐贞观年间（627—649）于绵山抱腹寺成佛的空王佛田志超而建。空王行祠创建年代不详，但自明代中后期，绵山一带有关空王佛的古迹重修或创建活动较为活跃，如明正德十一年（1516）其坐化处的云峰寺获得重修，明嘉靖四十三年（1564）回銮寺重修，明万历四十一年（1613）琉璃碑《敕建空王行祠碑记》载："万历三十年，本村纠首张大崇、靳阳、张邦、贾相等心从好善，欲建行祠，一乡巨擘，一旦捐资，各处募缘，四方贤俊，布施集辏。建立行祠三楹，内塑空王、摩斯、银公三圣，彩画金妆，壁绘如来功行，周围完备，〔内〕外具成，四方香客亦遇风雨而有赖。"说明在1602年已开始建空王行祠。明天启元年（1621）宝峰寺重修。空王行祠主体建筑为大殿，面阔三间，单檐悬山顶，殿内正中设有一佛两弟子像，正中空王佛造像高约3米，用镂空泥雕，通过对石青、朱砂、赭石及各种天然矿物质颜料的色彩运用和涂、描、刷、染等手法，来表现空王佛造像不同部位的不同质感和量感，极大地增强了其表现力。彩塑的线条则是用来真实表现所塑事物的翻、卷、穿、插等的层次，达到火焰飞动轻盈、牡丹富贵圆润的效果。空王佛眉目中微蕴笑意，将佛慈悲的胸怀表露无遗，椭圆形背光主题图案为龙凤呈祥。

空王佛旁塑文殊、普贤像，祥和之气荡漾在整个殿堂。偏塑银公、摩斯等空王佛座下两位弟子，体型丰满，比例协调。殿内壁画是在绵山风景和庙宇楼阁之间展开的空王修行和灵异故事。因为空王又称空王如来，则"如来功行"可能指空王功行，绵山便是他的修行之地。又据道光二十四年（1844）《重修二郎庙、空王殿、痘母宫碑记》"空王殿于二十三年像金妆之，壁彩绘之，缺略者继增之"，则也可能重绘壁画时变更了

空王佛

题材。空王行祠屋脊上的琉璃十分精彩，堪称明清时期介休琉璃的代表作。正脊两端的龙形鸱吻，高近两米，曲身蓄势，似乎准备腾空而起。脊筒上有蓝、绿、黄、白等彩色琉璃做的游龙翔凤，间以雷公电母，灵动于流云和鲜花之中。正脊上，左右各有四位骑马武士，举弓扬刀，往来疾驰，虎虎生风。正中是在山西各地很普遍甚至小小山村的庙宇都有的"三山聚顶"，脊刹为一座两层楼阁，阁内设龛置佛像，阁之上由仰覆莲、华盖及一串宝珠组成刹杆，总高大约2.8米。脊刹左右各立一碑，东侧的碑上题施银善人和琉璃匠人姓名，并书"万历四十一年三月十五日吉旦"字样，西侧的碑上书"皇帝万岁万岁万万岁"。其上置基座，立一麒麟驮着宝瓶。

据山西农村多有的传说，当年姜太公辅佐周文王灭了商纣之后，大封诸神，唯独自己不称神，而在农家屋顶上造了一座茅寮住下，为平民百姓守护平安。姜老太太有点儿私心，赶紧招来外孙，叫他去向姜太公讨封。太公一见，便说："来得好，帮我去护佑百姓。"于是派他立在屋角，严防各种祸祟侵入

空王行祠"三山聚顶"

民宅。这便是屋脊中央的楼阁和屋角武士的由来。百姓担心姜太公年事已高,受不了风吹雨淋,便给他造了楼阁,一般称之为吉星楼,也就是姜太公给老百姓看家护院住的小屋,用砖做成,只有大约0.4米高、0.3米宽,形状像神龛。吉星楼的位置由房子的朝向和大门的位置决定,可在中央或左或右。屋角上站着的是他的外孙,年轻人身强力壮不怕风雨,所以就没有盖阁楼一类的东西遮挡风雨。

屋角武士

立于空王行祠檐廊下的两通孔雀蓝琉璃碑更是海内孤品。其通体琉璃烧造,孔雀蓝底,黑字书写,碑额为青、黄、绿二龙戏珠,两边蓝黑龙纹花卉装饰图案,弥足珍贵。前廊下西侧一通《宽贤发愿碑》,万历三十三年(1605)制,记载空王行祠修建缘起。

前廊下东侧有万历四十一年(1613)《敕建空王行祠碑记》,主要记载了空王佛的相关传说故事:

宽贤发愿碑

夫空王佛者,乃往昔久远劫中苦行修道得成名,佛曰空王如来,为一大事因缘,出现于世间,浮示迹,降入凡俗。溯其源流,乃知古佛系陕西凤翔府人,俗姓田氏,寄居在太原府榆次县原涡村,自幼斋素,聪明智慧,迥出常人。长膺里图,凡有钱粮逋负者一并陪(赔)补,不给,受县官责,遂弃家缘,割爱辞亲与妻,至开化寺削发为僧,法名惠超。继访静乐县,旋回凤凰寺,苦行三载,寻师讲道。又诣介休县华严

第三章 张壁古堡的奇异之处及其文化内涵

洪济寺，自发肯心，担水赴工，致动四天王，使钟担水。因主僧清晨识破，将钟抛下，漂至河津。复至临溪塔岩头，感青衣童子奉献，摩斯、银公迎接，五龙王祈请至中岩，嵌岩危峰，几不能过。有二白兔搭桥引之于前，一猛虎追赶威之于后。五龙捧圣，皈至大岩。常有异僧往来，共谈说法。与五龙下棋，每每有胜。织女献衣，天王捧钵。至唐真（贞）观八年，亢旱不雨，长安耆老来乞甘雨，佛命摩斯施雨。比时摩斯淘米，将米泔西望三抈，得雨三日有验。唐王闻此大悦，遂命銮驾访见真人。空王等三圣不肯屈见，以故隐匿入灭，即今抱腹岩摩斯塔、银公洞是也。唐王焚香处祝乞示明应，天空中掷下金字牌，书写"入灭圣人即空王佛"。摩斯、银公，为度此方，故示出现。所以每年三月十七日空王圣诞，龙神聚会，四方各府州县人民朝礼圣境，报答佛恩。登涉中途，绵山之麓张壁村乃空王佛之要路，凡散人到此，无不止息。或遇天雨胜（盛）大，不能朝礼，此村南而焚之。是以万历三十年，本村纠首张大崇、靳阳、张邦、贾相等心从好善，欲建行祠，一乡巨擘，一旦捐资，各处募缘，四方贤俊，布施集臻。建立行祠三楹，内塑空王、摩斯、银公三圣，彩画金妆，壁绘如来功行，周围完备，〔内〕外具成，四方香客亦遇风雨而有赖。民诣行祠，恭礼金容，与岩上古佛亦然，欣喜一村院人也。余安居胜景，顷发诚心，依空王古本，采略铭石，永垂后世云耳。

敕建空王行祠碑

此外，绵山抱腹寺许多关于空王佛的传说也在本地广为流传，如"定阳城一天帮工二十八家""绵山兔鹿化桥解险厄""棋盘洞龙母输山收五龙""抱腹寺巨手托顶留佛掌""虹霁寺兔鹿抬水济众生""修行洞辟关打坐摄盗贼"等。

空王行祠内壁画绘制于明万历四十一年（1613）。左侧墙面内容为唐王李世民来绵山谢雨，空王等三圣不肯屈见，坐化成真。空王降示"入灭圣人空王佛"的一段故事。传说在贞观十四年（640），唐太宗因为陕中大旱前来祈雨，志超和尚用一瓢淘米水解除了干旱。次年，唐太宗召志超进宫，志超不肯，太宗便亲自来绵山朝拜谢恩，却得知其已于三月十一日圆寂，太宗内心悲痛，叹道："此行空望佛也！"这时忽见天边金光闪现，出现了志超和尚的形象和"空王古佛"四个字，原来志超和尚本是空王佛转世。正是因为空王佛降雨解除干旱的事迹，所以其自然也就有了降雨的功能，每到祈雨之时人们总要向空王佛祈祷。据当地村民讲述过去到绵山祈雨的队伍经过张壁古堡的情况时说，祈雨要靠心诚感动老天，祈雨行列最前面的人叫"报子"，他总是抢先一站，通知沿途各村，做好接应准备。在张壁古堡，人们接到通报后便由"善友"撞钟，召集村民。村民立即放下手头正忙的事情，赶到空王行祠前。有人着手烧水煮饭，供祈雨的人们吃喝；年长的人进殿里向空王佛祈祷，帮祈雨队伍一把；身强力壮的村民把放置在殿里的"祈雨楼"抬出来，以加强外地祈雨队伍的声势。祈雨队伍以"雨师"打头，他们裸着上身，赤着双足，颈上戴着木枷，头上顶着大刀，或者身上捆着铡刀，还在肋骨上挂了银钩，入肉见血。"雨师"打算以残酷的自虐来感动空王，使他对受旱灾折磨的苍生生出怜悯之

空王行祠塑像及壁画（一）

心。"雨师"边走边唱:"空王佛,下大雨,下了大雨救万民;空王佛,开开恩,救救天下众民生。"右侧墙面上画着绵山抱腹岩上挂满了善男信女们还愿的铃铛,铁索岭崖高壁立,铁索透迤,120个台阶高耸入云,山路上骆驼运送粮草,将军身穿战袍,战旗飘飘。

空王行祠塑像及壁画(二)

两侧山墙三角墙壁处描绘的是黄土塬及沟壑的曼妙风光。神像左侧墙壁上描绘的是有关空王生平的传说。空王历劫降世应化为田志超,于虹霁寺虹霁塔担水,后被识破天机,遂上绵山修行。之后志超熟读经书,日夜修行,并在山中创立禅林,吸引了大批有识之士。隋大业初年,隋炀帝下令封闭寺院,严管僧侣。志超听闻后护法心切,四处拜访官吏,走访郡城,希望能够将自己的想法传达给官场。神像右侧墙壁上绘有绵山胜景摩斯塔、铁瓦寺、竹林寺等。从图中还可看到虹霁寺山脚下有个十三拱的虹霁大桥,这座桥在20世纪70年代被拆除,"介休十景"之一"虹桥夜月"中的"虹桥"指的就是这座桥。

3. 兴隆寺及吕祖阁

兴隆寺位于北门内侧的龙街西侧、西涝池北侧地势较高处,庙础高出龙街约两丈,山门坐北向南,门后直通真武庙建筑群,是一处年代相对悠久的佛寺,又称"古刹寺"。院内有一款万历年间的残碑,记有"北门里西侧有寺一座名曰古刹,其地高明,坐坎向离……散人逸士有志登山迈岭者,罔不游憩于斯"。明代隆庆年间(1567—1572),富贾捐资"加增南禅堂三间,东西廊各三……"至明万历二十二年(1594),住持及众僧协同村中相关人员"于正殿则接重檐,换格扇,于南禅堂则起盖焉,于东西廊……"而终于"周围四壁,重叠彩绘,烨然可观"。20世纪40年代末,兴隆寺在战乱中受损,1991年所有房屋全部拆除,2006年重建。该寺由一进山门的钟院、东跨禅院和西跨庙院组成,占地约1400平方米。其南端的起点是影壁,正对山门,山门坐北朝南,为三开间硬山顶。山门后的钟院内有一座灰瓦歇山顶钟楼,通过设于其西侧院墙上的随墙门进入庙院。兴隆寺和北堡门的交通联系非常密切,庙院北侧设有连接三大士殿的平台,经此平台东侧台阶可下到禅院内,而禅院则向龙街开门,也就是说,经兴隆寺可直达北堡门上部的防御平台,同时又与龙街通达。兴隆寺前门廊里有哼哈二将,过道塑四大天王。穿过天王殿可进入钟院,钟院为十字歇山顶,楼北有门可通三大士殿,向西与禅院相通。禅院为四合形,有南禅院、东西配殿、院北正殿,三间耳殿分居两侧。东耳殿为姑嫂殿,有神像两尊,神像体内有人骨,留有孔眼可供人摸骨,有"摸摸仙骨不肚疼"的说法。西耳殿供阎王像。正殿供三世佛,主像释迦牟尼佛,偏塑药师佛和阿弥陀佛,壁画为释迦牟尼成佛故事。

吕祖阁位于北堡门外门"德星聚"门上,坐东向西,供奉的是道教"纯阳祖师"吕洞宾。其浓眉大眼,手执拂尘,端坐台上,现塑像是1994年重塑的。清道光十一年(1831)《重建奎楼、山门碑记》提到吕祖阁草创于1831年,清光绪三年(1877)《重修吕祖阁碑记》提到在1876年时曾进行过大规模重修,形成今天所见的规模。该建筑虽然名为"阁",却仅是坐落于城门顶部的一座单层木构建筑,面阔三间,单檐硬山顶。

4.二郎庙

二郎庙位于北堡门外,为一进院落,由山门、正殿、戏台及西侧的三孔锢窑组成,院落南北长约24米、东西宽约30米。其中二郎庙正殿以五孔砖窑为基座,上建面阔三间的单檐硬山顶木构大殿,其下砖窑进深8米、高近6米,内部为纵横相交的十字窑形式,砖窑东西两侧皆有上到正殿的台阶,东侧设门"别有天",门后台阶尽端设痘母宫。院落南侧为

第三章　张壁古堡的奇异之处及其文化内涵

戏台，是面阔三间的单檐硬山顶砖木结构建筑。该建筑坐南朝北，面向二郎庙正殿，台基高近2米，平面中间开间设"出将""入相"门，明间柱明显加大，两侧台口处设小八字影壁，属于形制比较完备的戏台。大门设在戏台东侧，属于单檐硬山顶砖木结构建筑，面向瓮城开门。

立于清康熙二十七年（1688）的《创建二郎神庙记》说，张壁古堡的百姓深知由于"堡墙完固"才使得张壁古堡在明末清初盗寇猖獗时没有像邻村那样被洗劫一空，所以在和平盛世之年便提前准备加固堡垒。经考察，发现张壁南侧背靠绵山，东西临沟壑，只有北侧有一片平地连向下山道路，属于防守薄弱之处，于是"为未雨绸缪之计，于堡之北门增筑瓮圈，内建神庙一座。工既竣，属余以勒之贞珉，用以昭示来兹。余尝考祀典……民者，则祀之也。二郎尊神，威灵显赫，护法降魔，其有功以民也大矣，故祀之矣"，故而便形成了建二郎庙于北堡门外的格

二郎庙正殿，右边为痘母娘娘庙。

局。乾隆十一年（1746）《本村重建二郎庙碑记》载："闻之堪舆家谓张壁村址坐县南，去棉山不远，其接摩斯顶之脉者较他村为甚近。惜乎堡中形势南高北低，风水之自山来者，易泄难留，藉非北门外瓮圈中二郎庙为之屏蔽，其何以收风水而成富庶之乡哉？倘此庙而再高数仞，则藏风敛气而兴发，是村者当更不知其何如盛也。"于是村人又纷纷施财，并到南方募化，改造了二郎庙，"旧殿改砌砖窑五眼，窑上新盖正殿三楹，祀以二郎尊神"。砖窑五眼实际上是为三间正殿抬起了一个将近6米高的平台，使得二郎庙高13.5米的正脊，恰好大致与南堡门地面持平甚至略高于南堡门，从形式上弥补了村子南高北低的风水缺陷，而且"二郎"在方言中读"二拦"，百姓认为改造后的二郎庙可以再次收揽风水，等于给堡内的好风水上了双重保险。此次改造也使正殿形成了现在所见的下窑上房的形制，后又增建了戏台，二郎庙形制得以完备。至清道光二十四年（1844），重建正殿等建筑的同时，又新建了影壁。正殿明间中梁底面的题字是"时大清乾隆八年岁次癸亥闰四月戊午十八日辛未午时上梁大吉大利"，并且画了一个坤卦符号。坤卦常见于这种位置，因为它意味着"水"，中国建筑大多是木结构的，防火是位列第一的要事。二郎神是道教的神，关于他有好几种传说，比较常见的是说

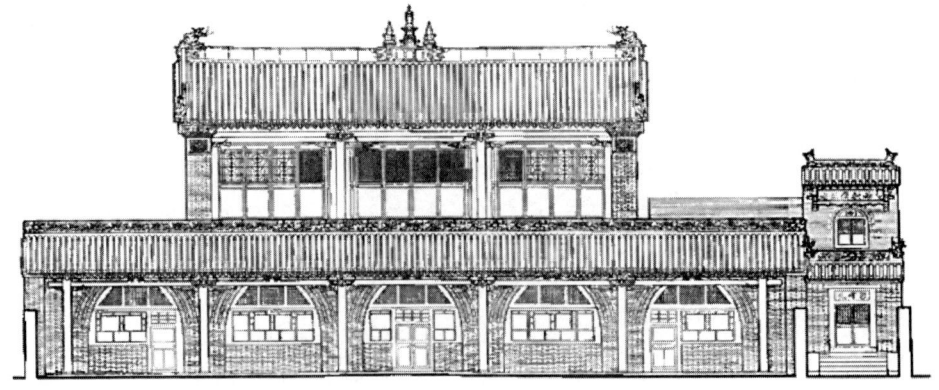

二郎庙正立面（引自陈志华《张壁古堡》）

他本名杨戬，为玉皇大帝的外甥，香火地在四川岷江上的灌江口，主管水。民间常敬他为保护神。

二郎庙殿内中央塑二郎神立像，持方天戟，但脚下却没有哮天犬，额上没有第三只眼。这就引起了后人的疑惑，于是编出了一则故事，说二郎庙最初创建于后汉，当时的皇帝是刘知远，他弟弟刘旻图谋篡位，在介休张壁一带活动，下属私自给他造庙立像。刘知远闻讯派人访查，其下属谎称是二郎庙，但匆忙中塑像脚下已经来不及加塑哮天犬，也忘了在立像额上再加一只眼，墙上的《二十四孝》图也与主题相去甚远，但来不及改绘了（现在的壁画是新描的）。后来村民们根据自己的理解，进行了创作发挥，将其中三幅改成了田氏兄弟分家、孟母三迁、孟姜女哭倒长城三个故事。这样就使原先的《二十四孝》内容得到了扩张，除了包含孝老敬长的内容外，还有兄弟义、严教子、夫妻亲等内容。乾隆八年（1743）二郎庙上梁之后，便立即在它的对面，即背靠北堡门处着手建筑戏台，当地叫乐楼。据戏台中梁底面题字，此建筑于乾隆十年（1745）上梁。二郎庙正殿二层平台东北，正对着登临正殿平台的大台阶，有一座小小的仿佛影壁的小庙，即痘母宫，高不过4.2米，宽2.8米，深1.8米，龛里二层莲瓣座上盘腿端坐着一位雍容安详、满脸慈爱的妇女塑像，其双手平举在胸前，托着一盘豆子。这就是痘花娘娘，或称痘疹娘娘、天花娘娘，是民间信仰中管痘疹的女神。"痘花"是一种传染性疾病，通常在人的婴幼儿时期发病，所以神龛的横匾上刻的是"佑启我后"四个字。痘母宫造在二郎庙正殿砖窑之上的平台上，应该创建于乾隆八年（1743）前后。现在的痘母宫是近年照原样重建的。

二、张壁古堡的星宿文化

（一）星宿文化

关于"张壁古堡"名字的由来，其中一种说法认为源于星宿。古代天文学家把天空中可见的星星划分为东、南、西、北四象，四象各包含七星宿，其中南方朱雀七星宿分别为井宿、鬼宿、柳宿、星宿、张宿、翼宿、轸宿。井宿其组合星群状如网，由此而得名"井"（井字如网状）。井宿就像一张迎头之网，又如一片无底汪洋，所以井宿多凶。鬼宿犹如一顶戴在朱雀头上的帽子，鸟类在受到惊吓时头顶羽毛成冠状，由于人们把最害怕而又并不存在的东西称作"鬼"，鬼宿因此而得名，主惊吓，故多凶。柳宿居朱雀之嘴，其状如柳叶（鸟嘴之形状大多如此），嘴为进食之用，所以柳宿多吉。星宿居朱雀之目，鸟类的眼睛多如星星般明亮，故由此而得名"星"，俗话说"眼里不容沙子"，故此星宿多凶。张宿居朱雀身体与翅膀连接处，翅膀张开才能飞翔，民间常有"开张大吉"的说法，故张宿多吉。翼宿居朱雀之翅膀处，故而得名"翼"，鸟有了翅膀才能腾飞，故多吉。轸宿居朱雀之尾，鸟儿的尾巴用来掌握方向，古代称车厢底部后面的横木为"轸"，其部位与轸宿居朱雀之位相当，故而得名。"轸"有悲痛之意，故轸宿多凶。北方玄武七星宿分别为斗宿、牛宿、女宿、虚宿、危宿、室宿、壁宿。斗宿因其星群组合状如斗而得名，古人又称之为"天庙"，是属于天子的星。天子之星常人是不可轻易冒犯的，故多凶。牛宿因其星群组合如牛角而得名，其中最著名的是织女星和牵牛星，虽然织女与牛郎的忠贞爱情让人感动，但最终无法逃脱悲惨的结局，故牛宿多凶。女宿其星群组合状如箕，亦似"女"字，古时妇女常用簸箕加工五谷，去其糟粕留取精华，故女宿多吉。虚宿，古人称为"天节"。半夜时虚宿居于天空正南方，正是冬至的节令。冬至一阳初生，新的一年即将开始，如同子时一

第三章 张壁古堡的奇异之处及其文化内涵

阳初生意味着新的一天开始一样，给人以美好的期待和希望，故虚宿多吉。危宿居玄武尾部，危者，高也，高而有险，故危宿多凶。室宿因其星群组合如房屋状而得名"室"，房屋乃安身之所，人之所需，故室宿多吉。壁宿形如室宿的围墙，因而得名"壁"。墙壁乃家园之屏障，故多吉。可见，"张""壁"二字脱胎于二十八星宿，"张"是南方朱雀七星宿的第五宿，"壁"是北方玄武七星宿的第七宿，都属于吉星，而张壁古堡正好是南北向，只有南、北两个堡门，正可把南堡门对应张宿、北堡门对应壁宿。此外，张壁古堡目前已发现的与星象对应的建筑物或标志物有30多处，如外围堡墙、堡门巷门、树木水井、地道墓葬、宗教寺庙等。若将村落航拍图与星象图对比，会惊奇地发现古堡的堡墙轮廓与西方白虎七星宿中的奎宿形状非常相似。奎宿是白虎七星宿的第一宿，由16颗星组成，主吉。道家学说称奎宿为天之府库，是上天储藏图书、财物和兵器的地方。张壁古堡就是一个军需物资库，是为正面战场提供粮草和后勤保障的重要据点。地道中有一处将军窑，对应参宿而建。参宿是白虎七星宿的第七宿，居白虎之前胸，虽为七宿之末但却是最要害之部位，故参宿多吉。参宿是将军洞，其设在参宿位置，地方宽绰，居住条件优越，旁边还有专门设置的逃生通道，是军中核心人物首选的办公场所。觜宿是白虎七星宿的第六宿，居白虎之口，口福之象征，故而多吉。觜宿代表物资，地道里觜宿的位置上是地道中最大的粮仓，也是地下通风条件最好的地段，存储的粮食不易腐烂变质。古堡村中心曾有六棵古槐，如今只剩一棵。这些古槐的排列据说与玄武七宿之斗宿六星相对应。这六颗星分别叫做天府星、天梁星、天机星、天同星、天相星、七杀星，排列成斗勺的形状。按道教说法，南斗六星主生，故而树旁的两个涝池，一个为桃形、一个为石榴

奎宿星图与张壁古堡

形，分别寓意长寿、多子，体现的就是"生"的理念。与南斗六星相对应，张壁百姓在堡北古道一个叫葫芦径的地方种了七棵槐树，取名"七星槐"。人们生病时，常会向其祈祷，希望能祛病延年。北堡门上的真武庙供奉道教中掌管北方的天神，即玄武大帝。堡东南，对应二十八宿中青龙七星宿的角宿，曾建有龙神庙。角宿寓意造化万物、天下太平，故在青龙角上建龙神庙。水造化万物，却也会给人们带来灾难，龙神庙被毁前，每年二月二人们都会祭拜龙王求平安。贾家巷巷门是全堡最宏伟的一座门楼，门楼临主街一侧的匾额上书"永春楼"三字，临巷的一侧刻"奎壁联辉"，奎宿和壁宿常并称，二宿合体，主文运昌盛。永春楼和堡东南的魁星楼，与北门距离大约都在百米左右，永春楼南望魁星楼，北牵德星聚，构成了"奎壁联辉"。魁星楼下面是可罕庙，院中有元代戏台，对应二十八宿中翼宿的位置。星相学中翼宿代表"天之乐府"，戏台故而建在此。张壁古堡有一处墓葬群，正好位于鬼宿位置，这个位置被人们称作"五鬼头"，百姓起房盖舍都不选这种地方。

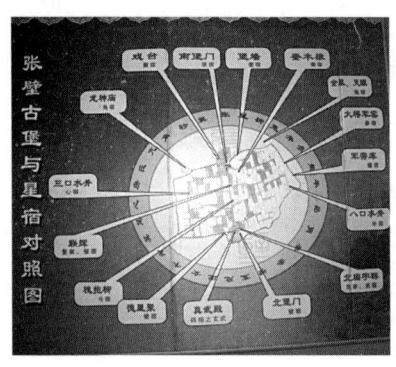

张壁古堡与星宿对照图

张壁古堡南堡门里面有"张壁古堡星宿文化展"，将堡内布局中的十六个空间点与天上十六个星宿进行了对应讲解。文化展中有一处关于祭星的内容："祭星习俗：每年农历正月二十八日是古堡祭星日，古堡人叫过小年。这天，村民要齐聚在一起祭拜南斗六星君、北斗七星君、九曜星君、二十八宿神及四方天神，请亲戚朋友相聚，看秧歌，看街头巷尾的红火表演。祭星时大摆香案，执事持'周圪栏'（木棍）开道，后面跟随打星旗、捧香火、端馍馍的人流，前往各巷祭星，并祭祀与星宿对应建造的堡墙、堡门、水井等，凡跟星相关联的建筑都会摆上供品祭祀，每个地方按照对应星宿的形状摆放星灯，祭拜后回到可罕庙，全

第三章　张壁古堡的奇异之处及其文化内涵

体村民一起分享供品，祭祀结束。"

实际上山西各地均有祭星、顺星之俗，并非是张壁古堡独有的民间信仰，最具代表性的如创建年代最早可追溯至隋代的晋城市泽州县府城村的玉皇庙。对于星辰的信奉和礼祀，古已有之。从古代自然崇拜所衍生的星宿崇拜，到上升为国家正统的天子祭礼，继而又与道教的顺星仪式产生关联，祭星在中国传统语境中有着一套悠久深远的叙述脉络。在中国北方，正月初八顺星已成为

张壁古堡祭星习俗

一个延续了道教传统并且普遍存在的民俗仪式。这套自古以来流传下来的星宿信仰，不仅表现为古代天子一年一度的祭礼活动，也显露在诸如道教一类的特定宗教仪轨中，同时还深深地融入了民间岁时祭仪之中。以张壁古堡为代表的祭星可能是上述诸种祭星来源相互交叠的历史遗存与民俗积淀。与此同时，张壁祭星由于掺入了黄土文明的地方信仰而显示出其独具的特色。例如，祭星的时间由道教顺星的正月初八变换为初五开始，这可能与当地姜太公妻子的传说有关。正月初五，张壁百姓习惯称其为"破五"，是春节后的一个重要节日。传说姜太公封妻子为穷神，并令她"见破即归"，人们为了避穷神，于是把这天称为"破五"。

（二）祭星路线

随着时代的变迁，张壁百姓对祭星这一古老风俗基本已不清楚，甚至都没有听说过。四川大学中国俗文化研究所李菲博士曾就祭星的具体内容向村中郑姓和张姓两位熟稔地方掌故的老人进行访谈。两人均未亲历祭星，同为从老辈人口中获知过去的景象，分别呈现了较具差异性

的两个仪式版本。郑姓老人依据自己从前听说的古事,描述张壁祭星全程约略如下:正月二十八日张壁祭星。早饭过后,祭神队伍手持仪仗,规模盛大,由本村村首带领,从村公所旧址兴龙寺出发,先绕至北门庙宇群,敬拜诸神。而后转向村南,礼祀南门庙宇诸神后抵达可罕庙。祭星队伍同样从兴龙寺始发,队伍不扛仪仗,远无祭神队伍隆重肃穆。在村中乡老带领下,队伍开始走街串巷,祭拜水井,先西后东,依次绕行,最后以村南可罕庙作为终点。待两队人马全员汇齐,连同村外迎送红火之人,众人在此地喝酒、唱戏,好不热闹。根据这一口述版本,张壁祭星由两大部分构成:一类是祭神队伍,他们只进庙宇,不串街巷,先北后南,专事拜神上供;另一类则是祭星队伍,他们不进庙宇拜神,径直穿入街巷,以简单祭品酬奉井神与天地神位。两队人马并无先后主次之分,当双方汇聚至终点可罕庙后,仪式便宣告结束,而外村人员只将红火送至,却并不加入两支队伍。张姓老人所述祭星仪式则为:活动当天,祭神队伍由村中执事领头,肩扛仪仗、手捧供品,从村南关帝庙出发,绕至堡外龙王庙,先行祭奉。待回村礼拜可罕后,直入西巷,开始在东西巷道间交错穿行,直至来到北门庙宇拜祭诸神,最后回到兴龙寺,并重复以上仪式路线。外村送红火之乡民,分别从南、北堡门有序入村。待祭神队伍首次绕行完毕,众人跟随仪式队伍走街串巷,甚是热闹。整个队伍持续穿梭、有序行进,最后在晚间汇集于北堡门内龙街东侧的天地堂,设搭法座,开启登法台仪式。法师念经,奏放法乐,为乡民祈福。约至子时,祭星仪式方告正式结束。这一口述版本描述了张壁祭星的另一番景象:其一,仪式队伍分为祭神与送红火两大群体,祭神队伍先出发,既进庙又串巷,见神拜神、见井祭井,而外村送红火的队伍则根据各村位置及出发时间分别从南、北堡门进村,进村后随机跟随祭神队伍走街串巷,不拜神灵,仅是营造热闹气氛;其二,仪式队伍不仅在堡内街巷来回穿行,还要绕到堡外祭祀外部神灵;其三,活动从白天持续到晚上,最后在夜间举行登坛祭星仪式。全天的活动统

第三章 张壁古堡的奇异之处及其文化内涵

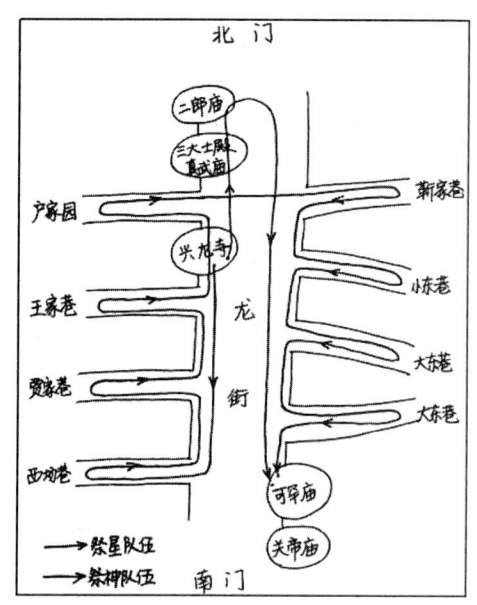

张壁古堡祭星路线图版本一（引自李菲、唐蒋云露《黄土社会的多元互动与区域整合——介休张壁古堡的祭星仪式考察》）

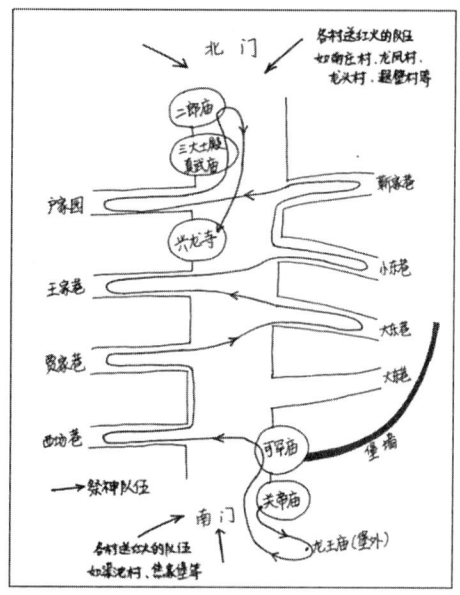

张壁古堡祭星路线图版本二（引自李菲、唐蒋云露《黄土社会的多元互动与区域整合——介休张壁古堡的祭星仪式考察》）

称"祭星"，核心是晚上在天地堂的登法台仪式。此外，还有的版本说张壁古堡每年的祭星都是以可罕庙为起点，走在前面的彪形大汉从大殿领取"周讫栏"导引村民热闹而有序地沿街入巷，祭拜水井、神灵及天地君亲师等，最后返回可罕庙，把所有的祭品摆放在祭台上，村首发表贺词，最后众人到南斗旗前结束祭拜。可见，随着时间的流逝，张壁古堡曾经的祭星传统已经渐渐被遗忘，村民的记忆已模糊不清甚至互相矛盾。正是在遗忘与模糊中，祭星仪式或多或少地发生了一些变化，在残缺不全的记忆引导下慢慢形成了多个不同版本的祭星仪式，所以已无法判断最初的祭星仪式是如何进行的，或者说祭星仪式一直是在变化当中的可能更为恰当。从这个角度而言，郑姓老人与张姓老人口述的版本乃至其他的一些调查版本或许都没有错，表述的仅是某个阶段的仪式而已。虽然具体祭星仪式存在较大差异，但祭星仪式所蕴含的特点却已得到凸显。首先，人神之间的结构平衡以及内外神灵之间的合并祭祀是张壁祭星对传统仪式进行的本土化改造，而星与水的关联对应，也在张壁祭星中得到充分展现。早在《尚书·洪范》中便有"星有好风，星有好雨"的说法，星象预示着风雨的吉凶。箕星、毕星在周代已被人们认为是"风师""雨师"。就张壁古堡祭星的地方实践来看，仪式全程对于水井的重视，以及最终汇聚于晚间天地堂的盛大礼祀，也将星与水的对应关涉其中。天地堂主祭天、地、水三神，原村中水井处均设有天地堂，神龛中通常供有天地神位，用以祭拜天、地、水三方神圣。祭星队伍绕巷过程中见井拜井，真正礼祀星辰之礼又汇聚于天地堂，足以反映祭星之礼与水的实质关联，亦可从中管窥黄土高原村落对于水的深切需求，祈求星辰满足他们对风调雨顺的热切期盼。古俗传统的祭星渊源，以及地方民俗的具体形塑，共同将张壁有关星与水的认知融入生活实践之中，成为黄土文明关涉土地与水的地方性表达之一。其次，祭星使张壁古堡这一区域祭祀圈中的各村落实现了时间上的整合。据研究，自"破五"开始，总共有20多个村庄将参与到张壁古堡区域性祭祀仪式中，每村各占一天，互不重合，依次流转。参与祭星的各个村庄有着各自专属的祭星时段，从正月初五到正月二十八日之间，祭星习俗的整体时间范畴通过仪式实践得到划定和强调，在这一时间节点内，祭祀圈中区域成员的社会时间脉络得到了统一设置，乡民的时间观被塑造成以祭星为中心的时间划分模式。祭星时段的整合使得其与日常生活的时间范畴作出圣俗之分。再者，祭星也在空间上完成了对区域祭祀圈中诸村庄的联结整合。介休干调秧歌《数村村》中，对口口相传的周围参与祭星、送红火的村庄，除漏土村未提及外，其他都有唱到：

……疙垛子鳌则岭夹道沟，看见窗户进不了门。鳌则岭，吃水难，刮风下雨沟底担。站在山上往下看，窑则头（崇贤村）就在眼跟前。窑则头有棵木瓜树，这唻唻高，这唻唻泼，没啦见过光听说。唐王庙，唐木瓜，说起来就人人夸。往南看还有一座塔，河东儿峪子打对门，道比（桃坪）就在半山上。黑鱼坪，没人烟，北沟岭下来鬼门关。瓦吴（龙凤）村，出粉则，粉下的鞋底底白又白。南北庄，紧相跟，张壁的地道寻不见门。去遐壁，下道坡，东西宋壁一路行。闯过世务开过眼，常到洪山担过碗。……龙头龙尾石河村，打下的麦子囤接囤。……大小靳，打对面，独拦住在半山山。走靳岭，到报虎（保和），最最（渠池）翻沟焦家堡。……绵山十景真不错，下来跑到董家庄。

参与祭星祭祀圈的村民，不仅有位于山头、岭上的高居村落，如东西宋壁、遐壁、桃坪，还有处于山谷河畔、地势低平处的聚居村庄，如峪子、河东、龙头村等。围绕着祭星这一传统仪式，参与祭星的各村成员在自身祭祀小圈层的基础上，又迎来了大范围的地域圈层，使得区域祭祀圈在其外部功能的推衍上产生了极大的空间覆盖与结构凝聚功能。

三、张壁古堡的地下暗道

张壁古堡有与众不同的地道防御系统，但地道始于何时，史籍无载，至今仍是一个解不开的谜。目前研究认为与三个人物有关。其一为东魏时期的高欢。由于古堡形成其中一种说法与高欢有关，而据说高欢又擅挖三层地道作战，高筑堡墙、深挖地道可满足守备藏物之用，这与张壁古堡的实际建筑相符，所以认为地道是高欢所挖。其二为隋唐时期的刘武周。一种说法认为古堡曾是刘武周对抗李世民的大本营，可罕庙供奉的是刘武周，且张壁古堡旧有刘武周部将尉迟恭囤粮所的说法，故而地道为刘武周所挖。其三为北齐大将斛律光。有说可罕庙供奉的是斛律光，介休张壁也是他的一个军事据点，所以认为与斛律光有关。

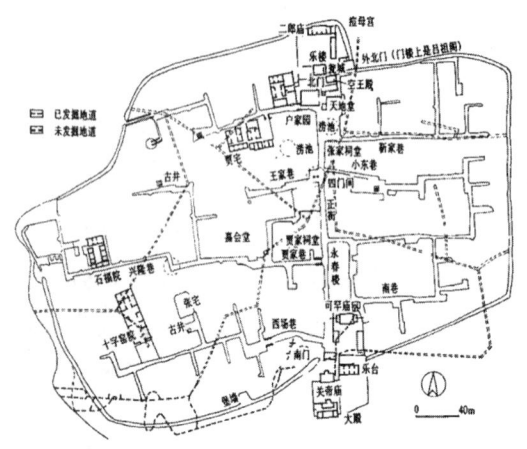

张壁古堡地道平面示意图（引自杨辰曦《张壁古堡初探》）

张壁古堡地道主要是二层立体，部分区段甚至是三层的，高层距离地面仅1米左右，中层距离地面8至10米，底层距离地面17至20米。每层地道高2米、宽1.5米，仅供单人通行，且内有土穴、马槽、地堡、水井、陷阱、排水设施、壁孔通讯设施、隐蔽的通气孔等，可比照为攻、防、退、藏、逃等设施，弯曲迷离，呈网状结构，使敌人无法展开攻击，可以形成有效的立体交叉式防御。地道结构可分为迂回式、直接式及上下贯通式，融作战、行走、居住、仓储、排水、通风、采光于一体，具有较强的军事防御功能。立体三层地道工程在可罕庙地下往西约50米处（深层），空间上下如竖井一般，下宽上窄，高约13米。顶层地道口暗藏于窑洞内，长1.2米、宽0.7米。顶层地道距地面约3至5米，顶层以上的地面为古校场。中层地道主要用作上传下达，同时保护底层指挥官不受上层滋扰。中层地道已经过清理，长150米、高1.7米、宽1.2米。内部结构为直线型的中层古地道，一端在古校场东端，另一端露于窑湾沟悬崖上。深层与中层的结合点在中层地道全长的一半处。中层地道沿途设置有多处可藏二人以上的土窑穴，可作隐蔽之用。土窑穴后有地堡在上层叠加，地堡内

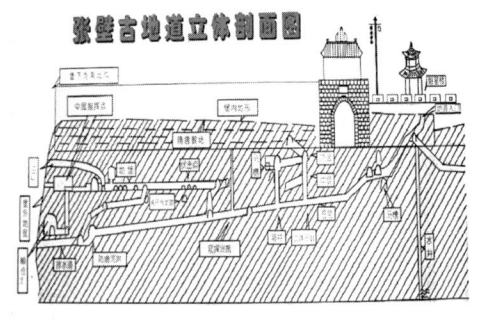

张壁古地道剖面图（引自黄强《山西堡寨式聚落的防御体系探析》）

第三章　张壁古堡的奇异之处及其文化内涵

可容10人藏身。地堡的地面与中层地道间留有一长0.8米、宽0.5米的通孔,利用通孔下刺偷袭敌人,这样的防御体系被称作"两面夹击,头顶加塞"。通往地堡的通道隐藏于地堡前方10米处的一间大窑穴后。窑穴的墙壁上设置有"壁孔"联络设施。中层地

地道(局部)

道内各类设施环环相扣、层层制约、守备严密、退避有路,堪称古代军事防御体系的神奇之作。底层地道由可罕庙进入,是军事将领的专用入口。每层地道内都有专人把守,所以地道内的信息传递既保密又快捷。垂壁上又设置了许多脚窝子,便于人员自由上下,调兵遣将方便迅捷。地道的联络设施在深层地道顶部,形状如同倒扣的瓮底,孔眼设在圆心处,直径约为0.2米,孔眼距地面约4米,中间是否还夹着一层地道尚不能确定。张壁古地道内窥探地面的装置,在堡西南外墙下的壕堑里,东距南堡门约百米,直观效果较好。窥探孔是地面上一个不引人注目的装置,过去曾和土堋一体,是个直径不超过1米的圆柱形垂直地道,人在其内可凭借手脚的上下移动,迅速获取地面信息。手动陷阱设置在地道顶层与底层之间,垂直的圆锥体装置高约5米,直径1米左右。古地道的排水工程在距离窑湾沟南端排水口约30米处,整个工程与地面的垂直距离为20米,全长30米,包含多处弯道,高差约6米,弯道处有明显的陡坡,可加速排水。在顶层地道的十字交会处,有能容一匹战马的窑穴一间,内置马槽。这应是古代地道的"踢马挡道"工程,牵马入地道堵截敌人。马厩后1米左右的地方是地道的陷阱装置,应是为马踢不到的漏网之敌设置的又一处"鬼门关"。面向沟堑出口的地道内还有将军洞,该洞面积在15平方米左右,窗口朝外,宽敞明亮,光线充足,是整个地道中唯一可以见到阳光的房间,内有土炕可供休息,土炕上有一通信道直通地道深处,

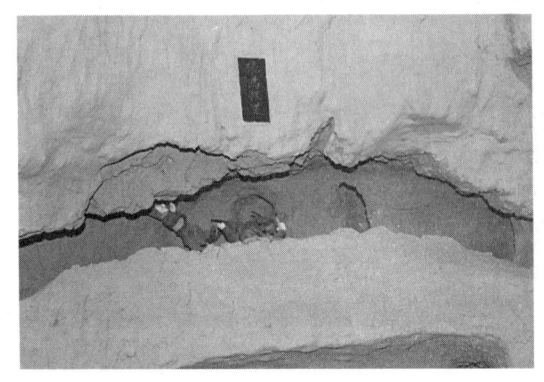

踢马挡道

便于将军及时了解情况、指挥作战。地道与堡内外的交通四通八达,可通及居民院中、屋内以及古庙院,直至2.5公里以外的龙凤村宋家沟,最主要的出入口设在可罕庙东厢房,在堡内的多处主要建筑院落中也设有出入口。有的出入口隐藏在居住建筑的暗层内,如西场巷22号院;有的则通向古井,以利于汲水。现在为了发展旅游,在关帝庙大门东侧南城墙根的窑洞里新挖了一个地道出入口,穿过可罕庙下土台,通到大东巷里水井边。在西场巷的一座很考究的住宅里有一个真正的老洞口,位于住宅正房的东次间。其后墙立着一个古老的大木柜,黑漆、灿烂的黄铜饰件,打开柜门出现通向夹层的暗门,进入夹层便见地上有个圆形石板,挪开石板露出地道的出入口。

因历年来建房、水漫等人为和自然破坏,张壁古堡地道坍塌严重,从现已清理完毕的千余米的古地道可知其内涵非常丰富。其一,地道设计思想超前、功能齐备,既有专门用于喊话联系的细道,又有专门用于监视敌情的瞭望孔,相比华北冀中20世纪30年代抗击日军的成熟期的地道,有过之而无不及。其二,地道内既有水井、粮仓、将军洞、屯兵洞、灯台、马厩、马槽等生活所需,又有陷阱、伏击坑、射箭坑、淹水道、通信道等攻击性设计,还有排水道口、逃跑出口,遇水可排、遇毒可防,进退、攻防、藏逃

地道出口

第三章 张壁古堡的奇异之处及其文化内涵

灵活多变，地道层层叠加，宛若迷宫，机关遍布，处处涉险，令人防不胜防。堡外南、北面沟中有洞口，既可作为进出口，又可用作哨卡。地道内留有气孔，通于沟堑外，还有隔井直下三层底部。堡内现有水井6眼，每眼井的井壁上均开有洞口或

悬崖处的地道出入口

洞门。有洞口的可垂绳索系水桶汲水，供地道内人畜饮用；有洞门的搭木板可直接进入另一通道。地道洞壁上每隔一段有一小坑，距离不等，是放置油灯的地方。高层有喂养牲畜的土槽；中层洞壁下方每隔一段有一可容两三人栖身的土洞，是地道的哨位；底层有宽2至3米、长4至5米的深洞，是存粮的洞穴。其三，张壁古堡地道在军事史上有着极高的研究价值，填补了我国古代军事地下作战方面的空白，是研究军事史和古代军事学的活教材。经清理后供游人参观的地道位于堡西南方向的古校场下，上层距地面约为2米，深层在20米以下，全程由浅入深，高低宽窄不等，行兵道绝大多数高1.7米、宽1米，常年恒温在10至15度之间，地道内空气湿润，无缺氧感，宛如迷宫般的结构及构筑手法巧夺天工，令游人叹为观止。

参考文献

1. 陈垣.二十史朔闰表.北京：古籍出版社，1956.

2. 李砚祖.装饰之道.北京：中国人民大学出版社，1993.

3. 陈志华.张壁古堡.石家庄：河北教育出版社，2002.

4. 刘森林.中华装饰——传统民居装饰意匠.上海：上海大学出版社，2004.

5. 王金平主编.山右匠作辑录——山西传统建筑文化散论.北京：中国建筑工业出版社，2005.

6. 沈利华，钱玉莲.中国吉祥文化.呼和浩特：内蒙古人民出版社，2005.

7. 山西省建设厅编.山西古村镇.北京：中国建筑工业出版社，2007.

8. 王金平，徐强，韩卫成.山西民居.北京：中国建筑工业出版社，2009.

9. 车国梁主编.三晋石刻大全·晋城市沁水县卷.太原：三晋出版社，2012.

10. 王牧青，何依.公共建筑为线索的古村落保护及肌理修复研究——以山西省晋城市沁水县嘉峰镇郭壁古村为例.中国城市规划学会编.城乡治理与规划改革——2014中国城市规划年会论文集（08 城市文化）.2014.

11. 雷冬霞编著.中国古典建筑图释.上海：同济大学出版社，2015.

12. 刘德友.郭壁沧桑.城乡建设，2012(4).

13. 赖德霖.黄土地上说张壁.寻根，1995(3).

14. 杨辰曦.张壁古堡初探.建筑学报，1997(8).

15. 高潮，湄子，郑广根.地上地下双城子 堡院庙垣博物村——张壁古堡千古之谜.小城镇建设，2000(S1).

16. 陈志华，楼庆西.古堡地道——张壁古堡.出版参考，2003(20).

17. 丁金龙，王晓毅.古庙神佛异 明堡暗道奇——介休张壁古堡考察记.文物世界,2004(3).

18.王璐.略谈王家大院凝瑞居石刻装饰画.文物世界,2004(3).

19.赵迎.山西民居空间环境特色——浅析山西灵石"王家大院".室内设计,2004(4).

20.武慧英,倪伟.镂刻岁月——王家大院"三雕"民俗文化意义探讨.上海工艺美术,2005(3).

21.曹砚农.试析宗祠建筑文物的功能与价值.中国文物科学研究,2008(3).

22.薛林平,刘烨.山西民居中的墀头装饰艺术.装饰,2008(5).

23.张智艳,吴卫.传统"五福捧寿"纹样符号阐释.艺术百家,2008(8).

24.王璐.凝瑞居墙基的石雕刻画艺术.文艺研究,2009(1).

25.范志萍.晋商大院中的雕刻艺术与中国传统文化.安徽文学,2009(10).

26.陈华强.山西大院文化中的石鼓研究.文艺研究.2010(8).

27.谭德贵,宁俊伟.文昌信仰的神谕性训诫研究——以文昌劝善书为中心.世界宗教研究,2011(2).

28.刘小旦.晋商大院"三雕"艺术的装饰动机探析.晋中学院学报,2011(5).

29.武丽敏.晋商大院影壁的艺术学及审美学研究.山西农业大学学报(社会科学版).2011(12).

30.王金平,阎宇晶.从建筑装饰风格看王家大院的人文意蕴.山西大学学报(哲学社会科学版).2012(4).

31.李志新.沁河岸边的聚宝盆——山西郭壁古村.小城镇建设,2013(7).

32.张志刚.沁河流域古堡式民居门楼装饰艺术探究.美术大观,2013(12).

33.赵海燕.高家崖建筑装饰砖石雕植物纹构成分析.装饰,2014(8).

34.宋小龙.欲广福田 须凭心地——读《文昌帝君阴骘文》有感.中国道教,2015(2).

35.李菲,唐蒋云露.黄土社会的多元互动与区域整合——介休张壁古堡的祭星仪式考察.民族艺术,2015(3).

36.李吉毅.沁渡古镇——探秘郭壁古村古建筑群.农村农业农民,2015(4).

37.魏艳萍,徐永义.山西王家大院古民居建筑群建筑装饰艺术探究.建材技术与应用,2015(5).

38.侯慧明.净石宫"玄天上帝应化图"初探.世界宗教研究,2015(6).

39.王宁.山西王家大院建筑的艺术性、文化性及其传播.学理论,2015(33).

40.杨梅.从山西王家大院探析吉祥图案的文化意蕴.边疆经济与文化,2017(6).

41.王岳颐.山西介休张壁传统村落研究(下)——典型建筑与装饰艺术.华中建筑,2017(6)

42.梁起峰,白春香.晋商大院吉祥文化符号分析——以照壁为例.四川戏剧,2017(8).

43.张兵.晋城市沁水县郭壁村.文史月刊,2017(8).

44.朱宗周,马顿瑄,薛林平.平定县传统民居的院落空间和文化调查.华中建筑,2017(11).

45.任兆琮.张壁古堡——话说关帝庙.文史月刊,2018(8).

46.刘嘉慧,耿大明.基于"观物取象"看中国传统纹样——以蝙蝠纹为例.大众文艺,2018(17).

47.张庆捷.可汗祠探源.历史研究,2019(1).

48.陈晓华,谢晚珍.徽州传统村落祠堂空间功能更新及活化利用.原生态民族文化学刊,2019(4).

49.王丰.从传统文化看王家大院.山西大学硕士学位论文,2005.

50.黄强.山西堡寨式聚落的防御体系探析.华中科技大学硕士学位论文,2006.

51. 胡英娜.张壁古堡解析及其保护利用研究.天津大学硕士学位论文，2007.

52. 娄新庆.敦煌佛教灵验记及相关问题研究——以《唐太宗入冥记》和《道明还魂记》为中心.兰州大学硕士学位论文，2007.

53. 于利娜.中国传统建筑元素——照壁研究.西安建筑科技大学硕士学位论文，2008.

54. 罗冠林.匾额文化与传统民居环境.湖南大学硕士学位论文，2008.

55. 李艳华.简论传统匾额的社会功能与文化价值.重庆师范大学硕士学位论文，2008.

56. 钱炜蕾.民众生活理想和精神追求的表达与鞭策——匾额习俗探析.华东师范大学硕士学位论文，2009.

57. 赵金婕.清代匾额文化研究——以江西及周边地区为例.复旦大学硕士学位论文，2009.

58. 张静.建筑风水学在张壁古堡形制上的运用与保护措施初探.太原理工大学硕士学位论文，2010.

59. 吴莎.徽州民居木雕装饰的民俗审美属性及价值初探.复旦大学硕士学位论文，2010.

60. 温文.晋商民居门饰研究.太原理工大学硕士学位论文，2010.

61. 刘雁.山西传统民居建筑及装饰研究.青岛理工大学硕士学位论文，2012.

62. 付娟.浅谈王家大院木雕门窗的装饰艺术.山西大学硕士学位论文，2012.

63. 陈娟娟.传说故事·民俗图像·乡村社会——山西汾河流域古村镇文化景观开发利用的一项探索.山西大学硕士学位论文，2012.

64. 邱书龙.山西灵石县王家大院建筑石雕造型研究.扬州大学硕士学位论文，2013.

65. 任萌.晋中地区传统聚落空间组织与文化仪式的相关性研究.清华大学硕士学位论文,2013.

66. 张雯蓉.沁水郭壁古村建筑艺术特征研究.山西大学硕士学位论文,2016.

67. 田静.传统村落中民居建筑的分类保护与更新改造研究——以山西省沁水县郭壁古村为例.北京交通大学硕士学位论文,2017.

68. 郭胜溶.明清时期晋商大院匾额档案研究.云南大学硕士学位论文,2017.

69. 田毅.山西传统民居地理研究.陕西师范大学博士学位论文,2017.

70. 太原梅花吴红艳的博客:张壁古堡,解不开的谜.网址http://blog.sina.com.cn/s/blog_66abc9780100iv88.html.

后　记

　　党的十八大以来，习近平总书记就文化和旅游融合发展发表了一系列重要论述，深刻揭示了文化和旅游的内在联系，为我们做好新时代文化旅游融合发展工作指明了方向。山西省委、省政府深入贯彻落实习近平总书记的讲话精神，大力推动文旅融合产业，在转型发展上努力蹚出一条新路。知识分子并非仅是在象牙塔里不问世事，而是有着自己的历史担当，也要为地方的经济社会发展贡献一份力量。本书编著的初衷就是为了宣传山西古村落，挖掘古村落的内在文化因子，让文化遗产活起来，从而为山西转型发展出一份力。

　　古村落属于人文旅游资源，相较于自然旅游资源而言，文化与旅游的结合更为紧密，更需要充分挖掘、展示旅游中的文化内涵。文化内涵是人文旅游的灵魂，文化使旅游的品质得以提升，旅游是文化的宣传途径，也是文化的展示平台，因此文化与旅游能否有效融合，能否把不同地方文化的独特魅力展示出来，能否把具有当代价值、世界意义的文化精髓提炼出来，就成为至关重要的问题。当然，不同的人有不同的需求，或许人文旅游可以分为两个层次：其一，走马观灯式旅游；其二，深入了解式旅游。第一种方式仅是大致参观一遍，有个粗略印象，体验或许是"好""不错",但其中的文化内涵是什么却不清楚,只留下了表层印象。第二种方式则是要深入了解其中的文化内涵是什么,是一种学习型的旅游,能够讲出每一张图片、每一处石雕表达的含义是什么,通过旅游增长了知识。

很遗憾,本人不是专门从事古村落研究的,所以编著本书很大程度上参考了张雯蓉、田静、陈志华等在参考文献中提到乃至没有提到的众多善知识的成果,在此谨对众多善知识表示感谢。同时,感谢车效梅教授主持的山西省互联网+与旅游产业升级协同创新中心的支持,感谢责编蔡咏卉女士的辛勤编辑。